KB032193

우리는 우리가 읽은 것으로부터 만들어진다.

마르틴 발저

고전을 다시 읽을 때 책에서는 전에 본 것 이상을 찾을 수 없지만,
당신 자신에 관해서는 본 것 이상을 찾을 수 있다.

클리프톤 패디먼

독서를 하는 데 있어 입으로만 읽고 마음으로 느끼지 아니하며,
몸으로 행하지 않으면 그 글은 다만 글자에 지나지 않는다.

율곡 이이

책 없는 방은 영혼 없는 육체와도 같다.

키케로

고전을 읽으면서 얻은 작은 깨달음을 나누고 싶어서 먼저 아이와 함께 고전 독서를 시작해보았습니다. 고전을 읽혀서 천재를 만들거나 부자를 만들겠다는 거창한 목표를 세우지는 않았습니다. 그저 아이와 생활 속에서 할 수 있는 만큼 고전을 읽고 필사했습니다. 그 과정에서 부모가 먼저 읽고 써야 아이와 나눌 수 있다는 것을 체험했습니다.

일과 육아로 바쁜 부모들은 한 달에 책 한 권 읽기도 벅찹니다. 어지간히 부지런한 부모도 육아서나 실용서 정도를 한 달에 한두 권 읽는 것이 고작일 것입니다. 고전은 언감생심이지요. 고전 읽기는 전공자나 가능한, 나와 관계없는 먼 이야기라고 생각합니다. 하물며 고전 독서 교육은 말할 것도 없습니다.

하지만 누구나 고전 읽기를 시작할 수 있습니다. 문학, 역사, 철학 등 고전의 여러 분야 가운데 쉽게 시작할 수 있는 분야를 우선 공략하면 됩니다. 너무 많은 책에 욕심내지 말고 몇 권이라도 깊이 있게 읽고 준비를 잘하면 고전 독서 교육이 가능합니다. 시작하면 쉽게 할 수 있습니다.

고전 독서 교육도 자연스럽게 시작할 수 있습니다. 아이에게 읽히고 싶은 고전이 있다면 스토리텔링으로 호기심을 자극하는 것부터 시작해보세요. 고전 책을 눈앞에 억지로 들이미는 것이 아니라 '스스로 책을 읽고 싶어 달려들게 만드는 것'이 핵심입니다.

고전도 하나의 읽을거리에 지나지 않습니다. 고전을 금과옥조로 여기고 첫 장부터 마지막 장까지 빠짐없이 읽겠다고 생각하면 끝까지 읽어내기 힘듭니다. 아이와 대화 나누기에 좋은 부분을 부모가 먼저 발췌해서 읽고, 아이와 그 부분을 함께 읽어보세요. 중요한 것은 읽고 난 뒤에 생각을 나누는 질문입니다. 연결하는 고전 읽기로 독서 습관을 들이면 부모가 개입하지 않아도 아이가 스스로 읽어나갈 힘을 갖게 됩니다.

고전 독서 교육의 꽃은 필사입니다. 쓰는 것은 읽는 것을 이깁니다. 이 책에 소개된 8권의 핵심 고전을 필사해보세요. 《소크라테스의 변론》, 《논어》, 《어린 왕자》, 《갈매기의 꿈》 등을 필사하고 부모와 대화하는 아이는 세상을 보는 눈이 달라지고 쓰는 언어가 비범해집니다.

제가 아이와 함께한 경험을 비슷한 처지의 부모님들과 나누고 싶어 블로그와 카페를 운영하면서 고전을 강독하고, 고전 독서 교육법을 강의했습니다. 전작 《칼 비테의 인문고전 독서 교육》에서는 칼 비테 교육법을 다루면서 지면의 일부를 할애해 고전 독서 교육법을 소개했습니다. 이후 독자들로부터 이 부분에 대해 좀 더 자세한 설명이 있었으면 좋겠다는 요청이 있었고, 그것이 이 책을 쓴 계기가 되었습니다.

이 책이 자녀의 고전 독서 교육을 준비하는 부모님들에게 작은 길잡이가 되었으면 합니다. 아울러 많은 아이가 고전 독서를 통해 자기만의 관점을 갖고 세상과 인생을 바라보기를 바랍니다. 고전의 저자들이 전해주는 이야기를 '참고'해서 넉넉한 시선으로 삶을 관조하고 즐기며 살아갔으면 하는 마음입니다.

이 책이 세상에 나오기까지 힘이 되어주신 분들에게 감사의 말씀을 전합니다. 묵묵히 내조해준 아내와 책 쓰느라 함께 많은 시간 동안 놀지 못한 아빠를 이해해 준 아이들에게 사랑한다는 말을 전합니다. 한동안 찾아뵙지 못한 아들, 사위를 항상 응원해주시는 부모님과 장인, 장모님께도 감사의 말씀을 전합니다. 책이 나오기까지 카페에서 많은 응원을 보내주신 '아레테인문아카데미' 회원님들과 부족한 원고를 빛나게 해주신 출판사에도 감사의 인사를 드립니다.

임성훈

| 차례 |

chapter 3

## 아이와 함께 읽는 핵심 고전 8선

어떤 책은 맛만 볼 것이고, 어떤 책은 통째로 삼켜버릴 것이며,
또 어떤 책은 씹어서 소화시켜야 할 것이다.

베이컨

Chapter 1

# 고전,
# 어떻게 읽게 할 것인가?

1-1

# 고전은 어떻게 삶을 단단하게 하는가?

시작해볼까요. 여러분은 왜 고전을 읽으려고 하죠? 아마 고전 독서의 유익을 강조하는 여러 책에서 영향을 받았을 것입니다. 즉 "고전을 읽으면 두뇌 회로가 바뀌어서 천재가 된다.", "세계적인 대학에서는 모두 인문학을 철저하게 학습한다. 우리나라에서 노벨상 수상자가 많이 나오지 않는 이유는 인문교육이 약해서다.", "지배층은 인문학을 공부하면서 대중들에게는 그렇게 하지 못하게 한다."와 같은 주장이 있습니다. 어느 정도 일리 있는 이야기지만 다소 무리가 있습니다.

두뇌 회로가 바뀔 정도로 고전을 읽으려면 얼마나 책을 읽어야 할까요? TV나 스마트폰을 사용하지 않고, 학원도 다니지 않으면서 고전을 탐독하면 가능할 수도 있겠지요. 하지만 그렇게 하는 것이 현실적으로 가능할까요? 인문학을 공부해야 천재가 되고, 경제적으로 부유해지고, 노벨상을 탈 수 있을까요?

고전 독서를 통해서 논리력, 사고력 등을 기르는 것이 도움은 됩니다. 하지만 무엇인가를 성취하는 데 결정적인 것은 본인의 의지, 경험과 실천이 아닐까요?

요컨대 고전 독서가 무슨 도깨비 방망이 같은 게 아니라는 것입니다. 고전을 읽는다고 당장 천재가 되는 것도, 부자가 되는 것도 아닙니다. 저는 고전 독서가 '당당한 사람으로 살아가기 위한 기초체력을 쌓는 것'이라고 생각합니다. 고전 독서'만' 해서는 무엇인가를 이룰 수 없습니다. 고전 독서를 통해 생각하는 힘을 키우고, 인간에 대한 이해를 깊게 하면서 사람다운 사람으로 성장해 나아가는 것이 무엇보다 중요한 것이라고 생각합니다.

조금 더 현실적인 고전 독서의 장점을 한번 생각해봅시다.

## 자기를 성찰하는 힘을 키울 수 있다

고전, 특히 문학작품이나 철학책을 읽으면 "나는 어떤 존재인가?", "어떻게 살아야 할까?"와 같이 자기 이해를 위한 질문과 맞닥뜨리게 됩니다. 하지만 그 질문에 대해 책에서 직접적으로 대답해주는 경우는 거의 없습니다. 고전은 대부분 굉장히 불친절합니다. 작가들의 생각을 살짝 엿볼 수는 있지만 자신에게 맞는 답은 스스로 찾아야 합니다.

언제부터인지 모르지만 유아교육 시장에서 '다중지능이론'을 바탕으로 많은 상품이 개발되어 판매되고 있습니다. 영유아들을 위한 교구와 책이 정말 말 그대로 쏟아지고 있습니다. 다중지능이론은 미국 심리학자인 하워드 가드너Howard Gardner 교수의 이론입니다. 그 핵심은 "IQ 중심의 지능측정에는 한계가 있다. 지능에는 여러 개의 독립된 영역이 있고, 각각의 지능의 유기적인 조합으로 한 사람의 재능이 발현된다."라는 것입니다.

다중지능이론에서 말하는 8개 지능 영역은 '언어지능, 논리수학지능, 음악지능, 신체운동지능, 공간지능, 대인관계지능, 자기이해지능, 자연친화지능'입니다. 잠재력을 극도로 발휘해서 크게 성공한 사람들에게는 공통점이 있다고 합니다. 바로 이 8개 지능 중에서 '자기이해지능'이 가장 높다는 것이죠. '나는 어떤 일을 해야 행복할까?', '이것이 정말 내가 원하는 것일까?'와 같은 질문을 자신에게 계속 던지면서 내면과 꾸준히 대화할 수 있는 능력이 뛰어나다는 것입니다.

문학작품을 읽다 보면 주인공이 고뇌하는 장면이 많이 나옵니다. 《데미안》을 보세요. 끊임없이 자신의 내면을 탐색해가면서 질문합니다. 많은 고전의 작가들은 끊임없이 자신의 내면에 질문을 던집니다. 그 질문에 대한 대답을 자신의 작품에 고스란히 녹여냅니다. 고전을 많이 읽으면서 이런 질문과 대답을 따라가다 보면 자기를 성찰하는 힘을 키울 수 있습니다.

## 사람을 이해하는 사람이 될 수 있다

앞으로 우리 자녀들이 살아가야 할 시대는 4차 산업혁명 시대라고 이야기합니다. 사실 4차 산업혁명이라는 게 무슨 실체가 있는 게 아닙니다. '산업혁명'이라고 하면 생산수단의 변화를 기준으로 잡습니다. 1차 산업혁명은 증기기관 등 기계의 발명으로 면직물 공업을 중심으로 대량생산이 시작된 것을 말합니다. 2차 산업혁명 시기에는 전기의 발명으로 컨베이어 벨트 위에서 엄청난 물량의 상품을 만들어낼 수 있게 되었습니다. 3차 산업혁명은 인터넷 중심의 정보산업혁명을 이야기합니다.

'4차 산업혁명' 하면 AI, 빅 데이터, 사물인터넷IoT 등의 키워드가 떠오릅니다. 그 핵심은 결국 사람이 하는 일 중 낮은 수준의 반복적인 업무는 로봇, 기계가 대신하게 된다는 것입니다. 가까운 미래에는 간단한 감기약 정도는 로봇 의사가 처방해주지 않을까요? 이렇게 되면 사람이 설 자리가 점점 좁아질 것입니다.

미래에 사라질 일자리가 많다는 통계를 종종 접합니다. '다빈치연구소'라는 미국의 미래 연구소에서는 2030년까지 20억 개 정도의 직업이 사라질 거라는 예측을 하기도 했습니다.

이런 시대에는 사람을 이해하는 사람이 크게 성공할 기회를 잡을 수 있을 것입니다. 인공지능이 하기 힘든 일이 바로 그런 일입니다. 인간이라는 존재의 특성, 욕망 등을 이해하고 공감하고 코칭하는 일을 하는 사람들이 각광을 받게 됩니다.

《안나 카레니나》에서 유부녀인 주인공의 마음이 흔들리는 장면, 《일리아스》에서 오디세우스가 전우의 시신을 지키면서 고뇌하는 장면 등을 보면 그 묘사가 무릎을 치게 만듭니다. 고전을 읽으면서 사람의 마음에 대한 이해를 더 깊게 할 수 있습니다.

## 나만의 중심을 잡을 수 있다

"인간 정신은 타인의 생각을 소유함으로써가 아니라, 자신만의 판단기준을 세우고 자신만의 생각을 생산함으로써 비로소 참된 자유를 얻는다."

'신에게 바치는 송가'라는 뜻의 시집 《기탄잘리》로 아시아인 최초로 노벨문학상을 받은 타고르Rabindranath Tagore의 말입니다.

고전을 찬찬히 읽다 보면 내 생각을 한 번씩 정리해볼 수 있는 문장을 종종 만날 수 있습니다. 내가 생각하는 것이 모두 진실인지, 내가 판단하는 기준은 올바른 것인지, 나는 스스로 생각하고 있는 것인지, 대다수가 생각하는 대로 끌려가면서 내 판단의 기준으로 생각한다고 착각하고 있는 건 아닌지 고민의 시간을 가질 수 있습니다.

리처드 바크의《갈매기의 꿈》을 보면 평범한 것을 거부하는 갈매기 조나단이 주인공으로 등장합니다. 조나단은 평범함을 거부함으로써 살아갈 이유를 찾습니다. 내면의 목소리에 귀를 기울이면서 자유로워집니다. 그에게는 먹이가 전부가 아니라 비행을 통한 성장이 삶의 목표가 되죠.

아이를 공부만 하는 모범생으로 만드는 것이 교육이 목적이 되어서는 안 됩니다. 나만의 판단기준을 세우고, 자기만의 생각을 생산하는 그런 아이로 자라도록 도와주는 것이 고전 독서 교육의 큰 장점 중 하나입니다.

## 교양인으로 성장할 수 있다

앞으로 우리 아이들은 전 세계를 누비면서 살아갈 가능성이 높습니다. 글로벌 시대입니다.

유럽에 가면 미술 작품들을 볼 기회가 많습니다. 여러 박물관에 가보면 조각상, 그림, 도자기 등의 많은 작품을 관람할 수 있습니다. 그런데 상당수의 작품이 그리스 로마 신화를 배경으로 하고 있습니다. 배경 지식이 없으면 온전히 감상하기가 쉽지 않습니다. 저도《일리아스》를 읽는 재미에 빠져 있을 때, 대영박물관에 전시된 도기에서 관련된 묘사를 보고 감탄했던 기억이 납니다.

국제 컨퍼런스 회의 등에서 쉬는 시간이면 사람들이 모여 한가롭게 이야기를 나눌 때가 있습니다. 그때 소재가 무엇일까요? 물론 회의와 관련된 이야기들도 하겠지만 자기 나라의 역사나 문화에 대해 이야기를 많이 나눕니다. 그런 자리에서 공통의 언어로 이야기할 수 있는 소재가 바로 고전입니다.

아이들에게 고전을 읽게 하면 사용하는 언어가 달라집니다. 고전을 읽는 아이는 또래 아이들과는 사뭇 다른 표현을 합니다. 저는 얼마 전 아이에게《갈매기의 꿈》을 읽고 스스로 정리하게 해보았습니다. 그 책을 보고 느낀 점을 물어보니 "나는 먹이만 좇는 갈매기처럼 평범하게 살지 않을 거야."라고 대답해서 깜짝 놀랐습니다.

자, 그럼 이제 수많은 고전 중에서 어떤 책을 먼저 아이들과 함께 읽으면 좋을지 살펴볼까요!

1-2

# 어떤 고전을 먼저 읽게 할 것인가?

## 고전이라고 다 같은 고전이 아니다

인터넷에 검색해보면 서울대학교나 연세대학교 등에서 추천하는 고전 리스트에 수백 권이 소개되어 있습니다. 그리고 인문학 공부법을 소개한 책에 소개된 고전도 많습니다. 그런데 막상 이런 책을 읽어보려고 하면 막막하기만 합니다. 먼저 부모가 흥미가 생기지 않는 경우가 많죠. 대부분 두껍고 읽기에 어렵게만 보입니다. '이런 책을 아이에게 어떻게 읽히지?'라는 걱정이 생길 수밖에 없어요.

저는 이런 고전 리스트를 모아서 500여 권의 책 목록을 만들어보기도 했습니다. 그런데 대부분 저부터 읽기 싫었어요. 선뜻 손이 가지 않는 책들이 대부분입니다.

그럼 어떤 책이 좋은 책일까요? 부모가 먼저 읽고 감동을 받은 책이어야 합니다. 굳이 유명한 책이 아니어도 좋습니다. 처음에는 되도록 쉬운 책부터 시작하기를 권합니다. 누구나 알고 있는 쉬운 책이지만 그 진가를 제대로 모르고 있는 경우가 많습니다. 예를 들어 생텍쥐페리ntoine Marie Roger De Saint Exupery의《어린 왕자》는 누구나 읽어봤다고 하는 책입니다.

"나는《어린 왕자》를 못 읽어봤다."라고 말하는 사람은 거의 없습니다. 대부분 읽어봤다고 '믿고' 있습니다. 그런데 "작가가 이야기하려고 한 핵심적인 메시지가 무엇인지 설명할 수 있나요?", "아이들에게 읽어준다면 어느 부분을 읽어주면 좋을까요?", "그 이유는?"이라는 질문에 자신 있게 대답하기는 쉽지 않을 것이라고 생각합니다. 커다란 코끼리가 보아뱀에게 잡아먹힌 그림 말고《어린 왕자》에 대해서 딱히 떠오르는 것이 없다면 '제대로' 다시 읽어봐야 하지 않을까요?

제가 추천하는 고전은 주로 읽기 쉬운 책입니다. 처음에는 스토리텔링이 가능한 문학 중심으로 읽어 가면 쉽게 접근하실 수 있습니다. 이야기가 있는 고전은 아이들과 산책하거나 잠자리에서 들려주며 호기심을 이끌어내기에 아주 좋습니다. 사람은 예나 지금이나 누구든 이야기에 끌리게 되어 있어요.

처음부터 어려운 철학책으로 고전 읽기를 시작하면 오래 가지 못할 가능성이 높습니다. 철학책은 어느 정도 내공이 쌓인 후에 손에 잡히는 것부터 시작하세요.

철학책을 읽을 때 주의할 점 중에 하나는 나무보다는 숲을 봐야 한다는 것입니다. 특히 서양철학은 개념 자체가 일반적이지 않고 새롭습니다. 그리고 이해하기가 쉽지 않기 때문에 세부적인 표현 하나하나에 집착하다 보면 진도를 나가기가 쉽지 않습니다. 그래서 해설서를 보고 어느 정도 큰 그림을 그리고 나서 원전을 읽어보기를 권합니다.

여기서 한 가지 중요한 점이 있습니다. '추천'은 '추천'일 뿐입니다. 제 경험상 이런 책을 읽어보는 것이 좋겠다는 것이니 참고만 하면 좋겠습니다. 실제로 어떤 책을 선택해서 아이와 함께 읽을지는 아이의 흥미와 관심을 생각해서 각자 결정해야 합니다.

## 스토리텔링이 가능한 문학부터 시작하자

먼저 문학 분야입니다. '고전' 하면 중국이나 서양 고전이 왠지 더 가치가 있어 보인다고 생각할 수 있는데 매우 잘못된 생각입니다. 우리나라에 정말 좋은 고전이 많습니다. 윤동주 시인의《하늘과 바람과 별과 시》나 고은 시인의《순간의 꽃》과 같은 시집은 아이들에게 읽어주기에 아주 좋습니다.

얼마 전에 지인이 갓난아이에게 읽어주면 좋을 시집을 추천해달라고 해서 이 두 권의 시집을 추천해줬어요. 그런데 며칠 뒤에 문자가 오는 거예요. "시를 읽자마자 아이가 우는데 어떻게 하냐?"라고 말이죠. 왜 아이가 울었을까요? 평소에 안 하던 것을 해서 그렇습니다. 엄마 아빠가 갑자기 목소리 톤을 바꾸고 진지하게 시를 읽어주니 아이가 얼마나 무서웠겠습니까? 고전을 읽어줄 때는 조급증이나 욕심을 내지 말고 천천히 시도하면 좋겠습니다.

고운 최치원의 시를 엮은 《새벽에 홀로 깨어》도 상당히 좋습니다. 아이가 초등학생 정도 되었을 때 함께 읽어보면서 의미를 되새겨볼 만한 시들이 많이 있습니다. 보석 같은 작품들이 곳곳에 숨어 있죠.

최치원은 당나라로 유학 가서 빈공과에 장원을 할 정도로 당대의 천재였습니다. 하지만 6두품이라는 신분상의 한계로 고국인 통일신라로 돌아와서는 자신의 뜻을 제대로 펴지 못했습니다. 그런 그에게 겉으로는 아첨하지만 속으로는 그를 해치려는 마음을 품은 사람들이 많이 모여들었습니다. 그의 시 중에는 사람의 껍질을 쓴 여우나 늑대와 같은 무리가 있다는 내용이 있는데 자신의 처지가 잘 반영되어 있는 것 같습니다.

이효석의 《메밀꽃 필 무렵》은 필사하기에 좋은 책입니다. 이효석 작가는 우리말을 정말 아름답게 써서 소설을 시처럼 썼다고 평가받기도 합니다. 실제로 읽어보면 서정적인 묘사에 취하게 됩니다. 제 아이와도 함께 읽어보았는데 소설의 묘사가 눈앞에 그려져서 신기하다고 좋아하며 감동적인 부분을 스스로 일기장에 베껴 쓰기도 했습니다.

《수호지》나 《서유기》처럼 이야깃거리가 풍부한 책도 좋습니다. 아이들이 무척 좋아합니다. 이런 책은 되도록 세트로 구비해두었다가 아이가 흥미를 보이는 부분부터 조금씩 읽도록 하면 좋습니다. 어린이용으로 나온 책들을 읽다가 두꺼운 시리즈로 넘어가는 방식으로 읽도록 해주시면 됩니다.

《어린 왕자》와 《갈매기의 꿈》은 작가가 공군비행사였다는 점이 비슷한 작품입니다. 높은 하늘에서 땅을 내려다보면 어떻게 보일까요? 큰 언덕이나 사람이나 모두가 다 작게 보이지 않을까요? 너와 나를 구별하고, 아옹다옹 다투는 현실이 조금 다르게 보입니다. 이 책은 초월적인 사상가 장자와도 통하는 면이 있는 작품들입니다. 뒤에서 좀 더 살펴보기로 하겠습니다.

스티브 잡스Steve Jobs가 중퇴한 리드 칼리지Reed College는 인문학 교육으로 유명합니다. 이 학교에 입학하면 합격통지서와 함께 두 권의 책이 온다고 합니다. 바로 서양 최고의 서사시인 호메로스의 《일리아스》와 《오디세이아》입니다. 《일리아스》는 그리스 연합군과 트로이의 10년간의 전쟁 중 후반부 50여 일을 집중적으로 다룬 서사시입니다. 그리고 《오디세이아》는 트로이 전쟁에 참여한 그리스 장군 중 오디세우스의 귀국 과정에서의 모험을 그린 내용입니다.

고대 그리스를 배경으로 한 이 두 권의 책은 서양 문학의 뿌리라고 해도 과언이 아닐 정도로 서양인들에게 많은 영향을 준 책입니다. 이 두 서사시에 영향을 받아서 로마에서는 베르길리우스Publius Vergilius Maro가 로마의 건국과 관련한《아이네이스》를 썼습니다. 근대에는 베르길리우스를 흠모한 단테Durante degli Alighieri가 《신곡》을 쓰기도 했습니다. 그의 작품에서 베르길리우스는 길잡이로 나옵니다. 또한 독일의 문학가 괴테Johann Wolfgang von Goethe는 자신의 대표작 중 하나인《젊은 베르테르의 슬픔》에서 주인공인 베르테르가 호메로스의 작품을 애독하는 것으로 그리기도 했습니다.

## 역사와 철학은 핵심 위주로 발췌해서 보자

역사책이나 철학책은 핵심 위주로 발췌해서 읽어보세요.《사기열전》이나《정관정요》는 역사적 사실은 차치하고라도 내용 자체가 재미있습니다. 하지만 워낙 내용이 많기 때문에 앞에서부터 순서대로 읽어나가기보다는 재미있는 부분 위주로 발췌해서 읽으면 좋습니다. 예를 들어 아이가 의로운 협객의 이야기를 좋아한다면《사기열전》〈자객열전〉편을 보여주는 식입니다.

플루타르코스Plutarchos의 《영웅전》은 로마 치하에서 그리스인이 쓴 역사책입니다.《사기열전》처럼 인물들에 대해 썼는데 재미있는 점은 로마의 영웅과 그리스의 영웅을 한 명씩 비교하는 방식이라는 것입니다. 그리고 거기에 자신의 평을 덧붙였습니다. 사실 여기서 평이 더 중요하다고 할 수 있습니다.

철학서는 워낙 좋은 책들이 많이 있지만, 아이들과 함께 보기에는《소크라테스의 변론》과《논어》가 좋습니다. 세계 4대 성인이라고 하면 소크라테스, 공자, 석가모니, 예수를 꼽습니다. 소크라테스와 공자에 대해서는 뒤에 함께 살펴보도록 하겠습니다.

그 외에도 많은 추천 도서가 있습니다. '아레테인문아카데미' 카페에서 추천하는 고전을 참고해서 내가 먼저 재미있게 읽고, 아이에게 맞는 고전을 하나씩 찾아 독서 교육을 준비해보세요.

중요한 것은 부모가 먼저 재미있고 감동적으로 읽은 책을 아이들에게 읽도록 권해주라는 것입니다. 내가 잘 모르면서 과제 던져주듯이 읽으라고 하면 아이들은 고전에 전혀 흥미를 느낄 수 없게 됩니다. 이제부터 고전 독서 교육을 위해서 어떤 준비를 해야 하면 좋을지 살펴보겠습니다.

1-3

# 고전 독서 전에 어떤 준비를 해야 할까?

## 살 책, 빌릴 책, 버릴 책을 구분하라

아이들에게 읽힐 좋은 책은 꼭 사서 읽어야 합니다. 중요한 페이지는 접고, 좋은 부분에 줄을 긋고, 떠오르는 생각을 메모하면서 읽어야 합니다. 특히 아이들에게 전하고 싶은 내용이나 연결할 만한 참고자료 등을 메모해두고 나중에 함께 읽으면 도움이 됩니다.

모든 책을 다 사라는 것은 아니에요. 아이와 함께 읽을 고전은 꼭 사서 읽으라는 것입니다. 많은 사람들이 읽는 실용서도 필요에 따라 지식을 얻기 위해서는 읽어야 합니다. 그런데 그런 책들은 한 번 읽으면서 핵심만 정리해두면 됩니다. 굳이 살 필요는 없다고 생각합니다. 요즘은 도서관에 책이 워낙 잘 갖추어져 있으니 빌려서 읽거나 전자책을 구입해서 핵심만 요약하면서 읽으면 됩니다. 중요한 정보를 메모해두거나 컴퓨터에 한글 파일로 잘 정리해두고 필요하면 출력해서 클리어 파일 등에 정리하면 됩니다.

중요한 것은 사야 할 책과 빌려서 볼 책, 버릴 책을 잘 선정해야 한다는 점입니다. 답이 정해져 있는 것은 아니고 자신만의 기준에 따라 분류하면 됩니다. 제가 적용하고 있는 기준을 참고하셔도 좋습니다.

먼저 사야 할 책은 오랫동안 곁에 두고 볼 책입니다. 예를 들어 추천 고전이나 시집, 닫혀 있던 의식을 확장시켜주는 책, 사전이나 도감 종류는 책장에 꽂아두면 좋습니다. 사전 활용도 굉장히 중요합니다. 공부 잘하는 아이로 키우는 비법 하나를 소개할게요. 빌 게이츠 가에서 쓴 방법입니다.

사전을 가족 모두가 볼 수 있는 장소에 비치해둡니다. 가족들과의 대화 중에 뜻이 모호한 단어가 나오면 누구든 사전을 찾아 정확한 뜻을 큰 소리로 모두에게 읽어줍니다. 국어사전, 영어사전, 옥편을 비치해두고 아이들이 어떤 단어의 뜻을 물을 때마다 사전을 직접 펼쳐서 읽어주는 것입니다. 물론 인터넷 사전을 활용해도 되지만, 종이로 된 사전을 활용하시면 더 좋습니다. 한 단어를 찾으면서 인접해 있는 단어들도 보면서 꼬리에 꼬리를 물고 어휘를 확장해갈 수 있기 때문입니다.

백과사전을 살 것인지 말 것인지에 대해서는 신중하게 생각해볼 필요가 있습니다. 물론 빌 게이츠 같은 책벌레는 백과사전을 통째로 다 읽었다고 합니다. 현실적으로는 아이가 관심을 가지는 분야부터 하나씩 도감을 늘려 가기를 추천드립니다. 예를 들어 공룡에 대해 관심이 있다면 공룡도감을 먼저 구입해주고 아이의 관심사가 자동차, 새, 바다생물로 확장되어 가면 그에 맞는 도감을 사주는 것입니다.

빌릴 책은 A4 용지 한두 장 정도로 요약이 가능한 실용서입니다. 한 번 읽고 핵심적인 정보만 뽑으면 되는 책이죠. 굳이 사서 책장을 비좁게 할 이유가 없습니다. 빌려서 빨리 읽고 핵심만 뽑아서 정리하면 됩니다. 물론 신간 중에서 꼭 빨리 읽고 싶은 책이 있다면 비용을 아끼지 말고 빨리 사서 읽는 것도 좋습니다.

기본적으로는 책을 사는 것에는 돈을 아끼지 않겠다는 마음을 가지세요. 책을 많이 읽는다고 성공하는 것은 아닙니다. 하지만 성공한 사람 중에는 책을 많이 읽지 않는 사람은 거의 없습니다. 자신에게 맞는 방식으로 책을 가까이 하고, 책 읽는 부모의 모습을 보여주면 아이들은 자연스럽게 따라옵니다.

버릴 책은 책장에서 계속 잠자고 있는 책입니다. 최근 3년간 한 번도 펼쳐보지 않았거나, 앞으로도 펼쳐볼 것 같지 않은 책은 책장에서

과감하게 정리하세요. 예를 들면 예전에 봤던 수험서나 먼지 쌓인 전집, 한자가 심각하게 많이 섞여 있어서 도저히 읽고 싶은 생각이 들지 않는 철학책 같은 것입니다. 딱 봐서 향후 몇 년간 읽고 싶은 생각이 들지 않는 책은 버려야 합니다. 소장가치가 뛰어난 경우가 아니라면 누렇게 색이 바랜 책은 버리세요.

책장을 바라보면 기분이 좋아야 합니다. 분야별로 잘 정리를 해보세요. 그러면 이따금 책장을 바라볼 때 꼭 읽어봐야겠다고 사둔 책이 말을 거는 듯한 착각이 들기도 합니다. 무심코 펼친 페이지에서 뒤통수를 얻어맞는 것 같은 충격을 받거나 큰 감동을 받기도 합니다. 그러려면 책이 잘 정리되어 있어야 하는 것이 기본입니다.

## 필기구는 나와 책에 대한 예의다

책을 읽을 때 사용하는 필기구도 중요합니다. 책에 줄을 긋는데 볼펜 잉크가 잘 나오지 않거나 뭉쳐서 퍼지면 기분이 어떨까요? 잘 읽고 있던 책도 갑자기 읽기 싫어집니다. 필기구는 조금 고급스러운 것으로 준비해주세요.

연필, 형광펜, 만년필 이렇게 세 종류를 준비합니다. 연필은 빨리 책을 읽어가면서 중요한 부분을 빠르게 표시하는 용도로 씁니다. 줄을 긋고, 박스를 치고, 나중에 읽어보면서 생각을 보충해야 할 부분은 별을 그려넣기도 합니다. 그렇게 한 번 빨리 책을 읽습니다. 이때는 낭독과 발췌독이 주요합니다.

두 번째 읽을 때는 연필로 표시해두었던 부분을 중심으로 정독합니다. 형광펜을 3가지 색 정도를 준비해서 중요한 부분에 줄을 그으면서 읽습니다. 형광펜은 색깔별로 구분을 좀 해두면 더 좋습니다. 예를 들어 파란색은 개념에 대한 정의나 일반적인 서술, 녹색은 감동적인 부분, 노란색은 핵심용어 이런 식입니다. 자신에게 맞는 방법으로 구분해보세요.

세 번째 읽을 때는 만년필을 사용합니다. 만년필로는 나의 깨달음이나 핵심적인 표현, 다른 책과의 연결 부분을 책 여백이나 포스트잇에 적습니다. 만년필은 가격이 워낙 천차만별인데요, 10~20만원 정도하는 선에서 구매해 쓰면 크게 불편함은 없습니다. 너무 저가를 구입하면 잉크가 새거나 필기감이 좋지 않은 경우가 있는 점 참고해주세요.

필기구는 나와 책에 대한 예의입니다. "비싼 만년필을 꼭 사야 하나요?"라고 물어보는 경우가 있습니다. 물론 평생 300원짜리 볼펜을 써도 책을 읽는 데 큰 지장은 없습니다. 하지만 내가 책을 읽으면서 깨달음을 얻고 그것을 아이들에게도 전해주는 과정을 좀 더 품격 있게 해보면 어떨까요?

좋은 필기구를 사용하면 기분도 좋아집니다. 빨리 책을 읽고 싶다는 생각이 더 강렬해집니다. 한번 해보세요! 저와 함께 고전 공부를 하면서 책까지 출판한 한 작가는 필기구를 만년필로 바꾸는 것만으로도 독서에 대한 기대감이 커졌다고 합니다. 그래서 새벽에 일어나 즐겁게 고전 독서하는 습관이 정착되었다고 해요.

1-4

# 독서 교육을 위한 부모의 고전 독서법

## 부모가 아이의 독서코치가 되자

이제부터 여러분이 고전을 읽는 목적 중 하나는 내 아이의 고전 독서 코칭이라고 생각하면 어떨까요. 독서 교육은 굳이 남에게 맡길 것이 아닙니다. 특히 아이들이 어릴 때일수록 독서 교육은 부모가 생활 속에서 자연스럽게 시작하는 것이 좋습니다. 아이들은 집중력 유지시간이 그리 길지 않습니다. 기껏해야 15분에서 30분 정도입니다. 흥미가 생겼을 때 그 기회를 놓치지 않고 핵심을 전하고, 스스로 생각할 수 있는 질문을 던져주는 것은 현실적으로 부모만 할 수 있습니다.

고전 독서 교육을 할 때 몇 가지 주의할 점이 있습니다.

먼저 고전의 '내용'에 집착하지 말아야 합니다. 고전은 아주 훌륭한 텍스트이긴 하지만, 이것도 결국은 아이들의 상상력을 자극하고 생각을 이끌어내기 위한 '이야깃거리'에 지나지 않습니다. 고전을 읽고 시험을 치는 것도 아닌데 그 안에 있는 내용을 제대로 암기했는지 테스트 하는 일이 있어서는 안 됩니다. 내용에만 집착해서 확인하는 식의 질문은 아이들의 고전 읽기에 독이 됩니다. 금세 흥미를 잃게 하는 결과를 가져옵니다.

다음으로 책 한 권을 처음부터 끝까지 읽어줘야겠다는 강박관념을 버려야 합니다. 물론 책을 처음부터 끝까지 읽으면 좋습니다. 하지만 투입하는 시간에 비해서 얻는 것은 많지 않습니다. 처음에는 부모가 먼저 읽어보면서 함께 대화를 나눌 만한 부분을 발췌합니다. 그리고 아이와 읽을 때는 그 부분을 중심으로 함께 읽는 것이 좋습니다.

물론 나중에는 아이가 스스로 한 권의 책을 다 읽어보는 경험도 갖게 해야겠지만, 처음부터 너무 욕심을 내면 부작용이 더 큽니다.

무엇보다도 아이들이 호기심과 흥미를 유지하는 것이 중요합니다. 아이가 한 번 흥미를 잃으면 다시 회복하는 건 쉽지 않습니다. 의무감으로 억지로 하는 독서는 독毒이 될 뿐입니다. 독서 교육은 재미있게 해야 한다는 점을 잊지마세요. 그렇게 하기 위해서는 부모의 욕심과 조급증을 버려야 합니다.

## 고전 독서 코칭 단계

고전은 아이들이 먼저 접근하기 쉽지 않습니다. 읽기 편한 그림책처럼 "엄마(아빠), 이거 읽어줘."라고 먼저 말하는 경우는 거의 없죠. 《논어》를 들고 와서 이 책 좀 읽어달라고 하는 아이의 모습이 그려지나요? 거의 불가능합니다. 따라서 부모님이 어떤 책을 읽히고 싶다고 마음을 먹었다면 전략적으로 접근해야 합니다.

✖ 1단계 : 먼저 부모가 읽고 아이와 함께 볼 부분 정리

✖ 2단계 : 아이의 호기심을 자극하는 전략 수립

✖ 3단계 : 아이가 '읽고 싶다'고 할 때까지 호기심 자극

✖ 4단계 : 책을 읽으면서, 읽고 난 뒤에 상상력, 생각을 이끌어내는 질문하기

✖ 5단계 : 읽은 내용을 스스로 정리하게 하기

저는 아이에게 이렇게 5단계로 고전 독서 코칭을 하고 있습니다. 이 방법이 정답이라는 것은 아닙니다. 하지만 여기서 힌트를 얻어서 나름대로 적용할 수 있을 거라고 생각합니다. 그러면 위의 방식을 실제 사례를 바탕으로 이해하기 쉽게 설명드리겠습니다.

호메로스의 《오디세이아》 12권에 보면 오디세우스가 자신의 몸을 돛대에 꽁꽁 묶고 세이렌의 노랫소리를 듣는 장면이 나옵니다. 원문은 책 후반부에 《오디세이아》를 함께 보면서 자세히 소개드리겠습니다. 저는 책을 읽으면서 이 부분이 아이와 이야기 나눌 만한 내용이 많다고 생각했습니다. 트로이와 그리스의 전쟁이 끝나고 그리스의 장군 오디세우스는 집으로 돌아가는 길이었습니다. 그런데 그 길은 매우 험난한 여정이었지요. 수많은 괴물과 요괴, 풍랑을 이겨내면서 가야 하는 길이었습니다. 그중에서 세이렌이라는 요괴와 마주치는 장면입니다.

세이렌은 뱃사람들을 유혹해 죽음에 이르게 하는 그리스 신화의 요괴입니다. 우리가 살면서 마주치는 모든 종류의 유혹이라고도 생각해 볼 수 있습니다. 오디세우스는 부하들의 귀를 밀랍으로 막으면서 자신의 귀는 막지 않습니다. 왜 그랬을까요? 궁금하니까 그랬습니다. 얼마나 달콤한 유혹의 목소리가 들리기에 사람들이 정신을 못 차리는지 말이죠.

그러면서 한편으로는 자기를 묶어달라고 합니다. 유혹을 이겨내기 쉽지 않을 것임을 예상한 것이죠. 여기에서 저는 아이에게 "세상의 모든 유혹에서 벗어날 수는 없다, 하지만 유혹에 빠지지 않으려면 밧줄로 몸을 꽁꽁 묶은 오디세우스처럼 스스로 제어할 수 있는 방법을 마련해야 한다."라는 이야기를 해주고 싶었습니다.

저는 아이가 스스로 "읽고 싶다."라는 말을 하도록 호기심 자극 전략을 생각했습니다. 3번 정도 호기심을 유발하면 좋겠다고 생각했죠.

먼저 아이와 함께 스타벅스에 가서 거기에 있는 로고를 보여줬습니다.

"이게 뭔지 알아?"

"응? 뭐 천사나 요정 아니야?"

"아~. 이게 세이렌이라는 요괴야. 뱃사람들을 유혹해서 바다에 빠뜨려 죽게 했데."

"이렇게 예쁜데? 그런데 왜 그런 요괴가 커피숍에 있어?"

아이는 여기서 한번 관심을 갖기 시작합니다.

두 번째로 산책을 하면서 아이에게 트로이 전쟁 이야기를 들려줬습니다. 10년간 그리스와 트로이가 전쟁을 하는데 승부가 나지 않았습니다. 그러다가 오디세우스의 꾀로 트로이 목마를 만들어 난공불락의 트로이성을 함락하면서 끝이 납니다. 그 이야기를 통해 오디세우스에 대해서 알게 해주었습니다.

그리고 마지막으로 거실 소파에 앉아서 《오디세이아》를 읽으며 "와, 재밌다. 신기하네."라고 말을 했죠. 그렇게 3번 정도 호기심을 이끌어 내자 아이는 결국 "읽어줘."라고 말하면서 달려들었습니다.

고전을 읽을 때는 미리 준비가 좀 필요합니다. 고전은 원전으로 읽어줘야 하는데, 그 이유는 제 전작《칼 비테의 인문고전 독서 교육》에 자세히 나와 있으니 참고하면 좋습니다. 원전으로 읽을 때 굳이 아이에게 읽어줄 필요가 없는 부분도 있습니다. 그래서 필요 없는 부분은 미리 표시를 해두고 넘어가도 좋습니다.

그리고 읽으면서 어려운 용어는 다른 말로 바꿔줘야 합니다. 앞서 예를 든 세이렌 등장 부분에서는 '아카이오이족'이라는 표현이 나오는데 이건 그리스인을 지칭하는 말입니다. 그래서 아이와 함께 읽을 때는 '그리스인들'이라고 바꿔서 읽어주는 것이 좋습니다.

책을 읽으면서 전해주고 싶었던 내용을 제대로 전하기 위해서는 질문도 미리 준비해서 책의 여백에 메모해두면 좋습니다. 저는 세 가지 질문을 준비했어요.

"오디세우스는 왜 귀를 막지 않았을까? 그리고 왜 자기를 묶어달라고 했을까?"

"유혹에 빠지지 않으려면 어떻게 해야 할까?"

"세이렌들은 오디세우스에게 왜 자기들의 지식을 자랑했을까?"

책을 다 읽은 후에는 스스로 정리할 수 있도록 했습니다. 저는 함께 읽은 내용을 아이가 가족들 앞에서 이야기하도록 했습니다. 그리고 그것을 일기에도 써보도록 했죠.

이런 방식으로 고전을 읽으면 아이가 쓰는 말이 달라집니다. 책을 읽어주고 얼마 후 아이가 인형 뽑기 기계를 보고 이렇게 말해서 웃었던 적이 있습니다.

"아빠, 저거《오디세이아》에 나오는 세이렌이지?"

이제부터 고전 독서 교육법의 핵심적인 내용을 조금 더 구체적으로 살펴보도록 하겠습니다.

Chapter 2

# 내 아이를 위한 고전 독서 교육법

2-1

# 고전 독서 교육법 1_
# 호기심을 자극하라

## 인간은 본래 호기심 덩어리다

"I think, at a child's birth, if a mother could ask a fairy god-mother to endow it with the most useful gift, that gift should be curiosity."

아이가 태어날 때 만약 어머니가 삼신할머니(요정)에게 가장 쓸모 있는 아이의 재능을 요구할 수 있다면, 그 재능은 호기심이 되어야 한다고 생각한다.

미국의 32대 대통령인 프랭클린 루즈벨트Franklin Roosevelt의 아내 엘리노어 루즈벨트Eleanor Roosevelt의 말입니다.

사람은 두 가지를 잃으면서 늙어갑니다. 신체적으로는 몸의 수기水氣입니다. 어릴 때는 생기 넘치던 피부가 나이가 들면 고목처럼 거칠어집니다. 정신적으로는 '호기심'입니다. 우리는 태어날 때 원래 호기심 덩어리였습니다. 그런데 나이가 들어가면서 그다지 세상에 궁금한 게 별로 없어집니다. 모든 것을 당연하게 받아들여서 그런 것일까요?

야생 동물의 새끼들은 태어난 지 얼마 지나지 않아 바로 뛰어다닙니다. 어미 뱃속에서 거의 다 자라서 세상에 나오기 때문입니다. 반면 인간은 태어나서 최소 3년 정도는 부모의 보살핌을 받아야 스스로 생명을 유지할 수 있습니다. 사실 그보다 더 오래 걸립니다. 좀 더 엄마 뱃속에서 자라고 세상에 나와도 좋을 텐데 왜 그렇게 빨리 세상 빛을 보는 것일까요?

바로 두뇌의 발달을 위해서입니다. 엄마 뱃속에서의 자극은 사실 굉장히 제한적입니다. 빛이나 소리 등 오감을 자극하는 것이 그렇게 강렬하지 않습니다. 세상에 나와서 엄청난 양의 정보를 얻으면서 뇌가 자극되면서 폭발적으로 성장해가는 것입니다.

그런데 외부의 자극에 별다른 반응이 없다면 어떨까요? 호기심은 외부의 자극에 대한 대답입니다. 눈에 보이는 것, 들리는 것 등에 대해서 '이건 뭘까?', '왜 그럴까?'라고 생각하며 계속 두뇌가 반응하는 것입니다. 두뇌의 발달을 결정짓는 것은 강렬한 호기심입니다. 인간은 본래 호기심 덩어리인 것이 정상입니다.

우리가 받는 교육은 '쓸데없는' 질문에 관대하지 않습니다. 시험에 나오지 않거나 수업 진도를 나가는 데 도움이 되지 않는 질문은 환영받지 못합니다. 제가 어릴 때는 학교에서 특이한 질문을 하면 맞기도 했습니다. 요즘도 사정은 크게 다르지 않은 것 같지만요.

자녀에게 어려운 고전을 읽게 하려면 먼저 호기심을 자극해야겠지요. 자녀교육의 고수는 밀당의 고수라고 할 수 있습니다. 그러면 호기심을 자극하는 방법에 대해서 알아볼까요. 이것을 절대적인 방법으로 생각지 말고, 참고해서 나만의 방법을 만들어보세요!

## 호기심 자극을 하기 전에 알아두어야 할 것

호기심 자극에서도 중요한 것은 조급함을 버리는 것입니다. 몇 가지 기본 규칙을 알아두면 조급함을 버리는 데 도움이 됩니다.

### (1) 성공률이 높지 않다는 것을 인정하자

고민을 거듭해서 '이렇게 하면 되겠다.'라고 생각하며 아이의 호기심을 자극해보려고 해도 잘 먹히지 않는 경우가 많습니다. 아이들은 엄마 아빠에게 "싫어!", "아니."라고 말하면서 일종의 카타르시스를 느낍니다. 장난스럽게 "No!"라고 대답하는 경우가 많죠. 호기심을 자극하는 작전은 성공률이 그리 높지 않습니다. 아이들의 거부에 좌절하지 마세요.

### (2) 스스로 하고 싶다고 할 때까지 기다리자

"읽고 싶다.", "하고 싶다."라는 말이 아이의 입에서 나오도록 인내심을 가져야 합니다. "그러니까 재미있겠지?", "어때, 읽고 싶지?"라는 말처럼 강요하는 식의 질문은 하지 않는 것이 좋습니다. 인내심이 필요합니다.

### (3) 실패한 방식은 폐기처분하자

수를 들켜서 실패하면 그 방법은 폐기하고 다른 방식으로 접근하는 것이 좋습니다. 예를 들어 유튜브 영상을 보여주면서 고전 읽기를 유도했는데 아이가 "나는 동영상만 보고 싶다."라고 한다면 일단은 동영상만 보여주고 후퇴해야 합니다. 그리고 다른 방법을 생각해봐야 합니다. 뜻대로 되지 않는다고 화내면서 책을 억지로 읽게 하면 다음에는 유튜브 보자는 제안도 거절하겠죠?

### (4) 호기심 일기를 쓰면서 연구하자

아이의 호기심을 자극하기 위해 따로 '기록법'을 추천합니다. 하루에 5분이라도 좋습니다. 짧은 시간이라도 다음 날 어떤 책을 어떤 방식으로 읽힐 것인지 고민하다 보면 점점 더 좋은 아이디어가 떠오릅니다. 저능아로 태어난 아들을 교육해서 당대 최고의 천재로 키워낸 독일의 칼 비테 목사는 아이의 교육을 위해 끊임없이 기록했습니다. 쓰면서 새로운 아이디어가 나옵니다.

### (5) 100% 호기심만으로 책을 읽게 할 수는 없다

모든 책을 호기심을 자극해서 읽게 할 수는 없습니다. 어느 정도는 습관을 들이도록 해야 합니다. 흥미가 생겨서 책을 읽는 것도 방법이지만, 책을 읽다 보면 흥미가 생기기도 합니다. 예를 들어 '목요일 저녁 한 시간은 고전 독서'라는 식으로 정기적으로 독서하는 방법도 좋습니다.

## 호기심을 이끌어내는 방법

그럼 이제 호기심을 이끌어내는 구체적인 방법을 살펴보겠습니다.

### (1) 최근 관심사나 좋아하는 인물에 연결한다

아이들의 관심사는 계속 변합니다. 최근에 가장 관심이 있는 것과 연결해서 책을 읽도록 해주는 것이 가장 효과적입니다. 제 아이는 한동안 어벤져스 영화에 '꽂혀' 있었습니다. 그래서 저는 "캡틴 아메리카가 가진 방패만큼 튼튼한 방패를 가진 사람이 그리스에 있었어."라고 아이에게 이야기해주었습니다. 《일리아스》에 나오는 아킬레우스의 방패 이야기와 연결하기 위해서 그렇게 말을 했죠. 이 작품 속에서 아킬레우스는 어머니의 도움으로 대장장이의 신 헤파이토스가 직접 만든 최고의 방패를 손에 얻게 됩니다. 친구를 잃었지만 새롭게 무장하고 나가 트로이의 명장 헥토르를 물리칩니다. 캡틴 아메리카의 방패에서 시작해서 아킬레우스, 헤파이스토스, 헥토르 이야기까지 흥미있게 해줄 수 있습니다.

아이들이 초등학생 정도 되면 좋아하는 인물에 대한 관심이 높습니다. 위인이나 영화 등에 나오는 인물과 연결해서 말해주면 호기심을 극대화할 수 있습니다. 예를 들어 저는 오디세우스라는 인물에 대해 설명할 때 아이가 삼국지를 어느 정도 읽었다는 점에 착안했습니다. "관우처럼 싸움을 잘하고, 제갈공명처럼 꾀가 많은 사람이 바로 오디세우스야."라고 설명해줬더니 아이가 더 흥미를 갖고 《오디세이아》를 읽기 시작했습니다.

### (2) 스토리텔링을 적극적으로 활용한다

아이에게 읽어주고 싶은 책이 있으면 그와 관련된 이야기를 잘 정리해서 스토리텔링 방식으로 전해주면 아주 좋습니다. 산책을 하면서 혹은 잠자리에 들기 전에 옛날이야기하듯이 전해주면 눈이 초롱초롱해져서 잘 듣습니다. 그리고 아이에게 다음 날 책을 보여주면 관심을 갖고 읽어달라고 하는 경우가 많습니다.

### (3) 책이나 작가의 가치를 전해준다

책을 읽었을 때 얻을 수 있는 가치에 대해 설명해주면 흥미를 갖는 경우가 많습니다. 예를 들며 "훌륭한 사람들 중에서 이 책을 안 읽은 사람이 없어.", "이 책을 읽어야 용기가 뭔지 알 수 있지."라고 말하는 식입니다.

저는 아이에게 《논어》를 읽고 필사하게 하고 있습니다. 처음에 어떻게 할까 고민하다가 공자라는 인물에 대해서 이야기를 꺼냈습니다. "동양뿐 아니라 서양의 많은 지식인들은 공자의 영향을 받았다. 공자를 모르면 교양인이 아니다."라고 말해주니 아이가 스스로 어린이용 위인전에서 공자를 찾아 읽었죠. 그렇게 준비가 된 상태에서 《논어》에서 제가 뽑아놓은 부분을 읽고 필사를 함께하고 있습니다.

### (4) 부모가 먼저 읽는 모습을 보여준다

부모가 책을 읽으면서 의도적으로 "와~ 진짜 신기하네. 오~ 이런 장면이 있었네. 오디세우스가 거인을 이렇게 따돌렸구나."라고 말하면서 호기심을 유발할 수 있습니다. 아이가 와서 "무슨 책이야?"라고 물어보더라도 바로 알려주지 말고 "아직 너는 읽기 힘들 텐데."라고 말하면서 슬쩍 감추는 것도 좋습니다. 아이 입에서 스스로 읽겠다는 말이 나오도록 유도해주세요.

### (5) 쉬운 책에서 원전으로 넘어가기

아이들에게 처음부터 두꺼운 원전으로 고전을 읽히기는 쉽지 않습니다. 처음에는 아이들 나이에 맞는 그림책을 보여주다가 "아! 이 부분이 저 책에 더 재미있게 나와 있는데~."라고 말하면서 관련된 원전을 보여주면 아주 효과적입니다.

예를 들어 저는 아이들 수준의 그리스 로마 신화 그림책을 보다가 미다스 왕의 이야기를 오비디우스의 《변신이야기》와 연결해서 보여준 적이 있습니다. 미다스 왕은 손에 닿는 모든 것이 황금으로 변하는 소원을 빌었다가 큰코다친 왕인데요. 사실 '임금님 귀는 당나귀 귀'의 주인공이기도 합니다. 원전에서는 여러 번 어리석은 행동을 하는 왕으로 묘사되고 있습니다.

아이들에게 친숙한 그림책이나 이야기책을 보면서 고전과 연결하는 방법은 누구나 쉽게 시도해볼 수 있으니 바로 적용해보세요!

2-2

# 고전 독서 교육법 2_ 질문하라

## 고전도 '읽을거리'일 뿐이다

고전 독서 교육에서 가장 핵심적인 것이 바로 질문법입니다. 고전도 결국 하나의 '읽을거리'에 지나지 않습니다. 중요한 것은 고전에 나온 풍부한 소재를 바탕으로 "어떤 생각을 이끌어내느냐."라는 것입니다. 내용을 요약하고 암기하는 독서를 하지 말고 '생각하는 고전 읽기'를 하자는 것입니다.

이를 위해 가장 중요한 것은 아이의 생각을 이끌어내는 질문을 잘하는 것입니다. 호기심을 머리 꼭대기까지 끌어 올린 다음에 고전을 잘 읽혔다고 하더라도 독서과정에서 스스로 생각지 않고 내용을 읽기만 한다면 반쪽짜리 독서입니다.

독서코치로서 부모의 태도는 아주 중요합니다. 같은 책을 읽더라도 어떤 부모는 아이에게 함께 읽은 책을 '인생 책'으로 만들어주는 반면, 어떤 부모는 그냥 '숙제'로만 느끼게 할 수도 있습니다. 독서 교육에서 질문은 책을 읽는 목적입니다. 책을 읽고 질문을 한다는 것은 생각을 한다는 것이니까요. 질문은 아이의 성장을 위한 적극적인 독서 방법입니다.

그렇다면 구체적으로 질문은 어떻게 할까요?

## 독서 교육에서 질문의 규칙

먼저 독서 교육을 하면서 질문을 할 때 어떤 식으로 대화를 이끌어 가는 것이 좋을지 살펴보겠습니다.

### (1) 스스로 생각한 것을 표현할 수 있도록 유도한다

먼저 인내심이 중요합니다. 아이에게 질문을 던져놓고 답이 늦어지는 것을 참지 못해서 부모가 생각했던 답을 먼저 말하면 어떨까요? 질문을 하나 마나입니다. 아이가 생각할 수 있는 시간을 충분히 주고 기다려주는 것이 중요합니다.

보통 조금 어려운 질문을 던지면 아이가 "모르겠다."라고 대답하는 경우가 많습니다. 스스로 생각지 않고 엄마 아빠에게 의존하려 합니다. 이럴 때 곧바로 답을 가르쳐주는 것은 좋지 않습니다. "다시 한번 생각해볼래? 정답은 없어. 네 생각이 중요해."라고 스스로 생각을 좀 더 할 수 있도록 이끌어주세요.

혹은 정말로 질문의 뜻을 몰라서 모른다고 하는 경우도 있습니다. 그럴 때는 내용을 다시 한번 자세히 설명해줍니다. "아, 그러니까 OO라면 어떻게 될까 하는 걸 묻는 거야."라는 식으로 풀어서 설명해주세요.

### (2) 단답형 질문을 피한다

'예, 아니오'로 대답할 수 있는 단답형 질문은 피해야 합니다. 그보다는 "Why?", "How?"로 물어보세요. 그래야 아이의 생각을 이끌어낼 수 있습니다. 예를 들어 "~는 왜 이런 말을 했을까?", "이 말을 들었을 때 기분이 어땠을까?"라는 식으로 질문하는 것입니다.

다만, 단답형 질문도 필요한 경우가 있습니다. 내용의 이해를 돕고 스스로의 생각을 유도할 때는 단답형 질문도 유용합니다. 예를 들어 "이렇게 하는 것이 좋다는 이야기일까, 아닐까?"라고 한 단계 생각을 이끌어주고 나서 그 대답에 "왜 그렇지?"라고 질문을 던지는 것입니다.

### (3) 구체적인 칭찬으로 동기부여를 한다

아이가 조금이라도 자기 생각을 정리해서 말했을 때 구체적으로 칭찬을 해주세요. 아이가 성취감을 느끼고 자신감을 갖게 됩니다. 예를 들면 "~ 라는 생각을 하다니 대단하다구나.", "아~ 어제 함께 본 OOO 책에도 그런 내용이 있었구나. 엄마(아빠)도 몰랐네.", "오~ 그렇게 생각해볼 수도 있겠구나. 어떻게 그런 생각을 했어?"라고 반응해주는 것이죠.

"어떻게 그런 생각을 했는지 대단하다."라고 칭찬해주면서 아이의 표정을 한번 보세요. 스스로 자랑스러워서 얼굴이 환해집니다. 그리고 사고과정에 대해서 신이 나서 설명합니다.

### (4) 자신을 믿도록 힘을 실어준다

아이가 부모의 해석에 의존하지 않도록 하는 것이 중요합니다. 엄마 아빠는 정답을 말해주는 존재가 아니라 함께 고민하고 생각을 이끌어주는 코치가 되어야 합니다. "이건 엄마(아빠) 생각이야. 그런데 네 생각도 정말 멋진걸.", "그렇게 생각하는 것도 정말 좋은 방법이네."라고 말해주세요.

## 고전 독서 교육 질문 유형

다음으로 구체적인 고전 독서 교육 질문 유형을 보겠습니다. 자신의 것으로 잘 소화해서 질문을 많이 해보세요.

### (1) 주제 질문

먼저 아이에게 전달하고 싶은 주제를 중심으로 질문하는 것입니다. 앞서 예를 든《오디세이아》의 세이렌이 나오는 장면을 읽고 나서는 "오디세우스는 왜 귀를 막지 않았을까?", "하고 싶은 것만 하고 살면 어떻게 될까?"와 같이 직접적으로 전해주고 싶은 주제를 바탕으로 질문하는 것입니다.

### (2) 생활연결 질문

강조하고 싶은 질문방식입니다. 아이의 일상생활과 연결해서 질문을 던지고 함께 이야기를 나누는 것입니다. "너는 이런 상황 없었어? 세이렌 노랫소리를 듣고 싶은 것처럼 그렇게 좋은 것은 아닌데 뭔가 꼭 하고 싶었던 적은 없었어?", "학교에서 이런 비슷한 상황이 있지 않았어?"라는 식입니다. 책에서 읽은 것과 일상생활이 연결되도록 질문을 하면 아이들이 특히 집중을 잘합니다.

### (3) 감정 질문

인문고전을 읽는 목적과 직접적으로 연결되는 질문입니다. 우리가 고전을 읽는 이유 중 하나가 사람에 대한 이해를 높이기 위함입니다. 좀 더 구체적으로 말하자면 사람의 감정에 대한 이해라고도 할 수 있습니다. 아이들이 어떤 상황에 대해 주인공들이 느끼는 감정을 느껴보도록 합니다. 그리고 그런 상황에 대처하는 방법도 함께 이야기해볼 수 있습니다.

예를 들면 《어린 왕자》를 보면서 “여우가 이렇게 말했을 때 어린 왕자는 어떤 기분이었을까?”, “너라면 어땠을 것 같아? 그럼 어떻게 행동할래?”와 같이 질문해보세요.

### (4) 확장 질문

다른 콘텐츠에 연결하고 지식을 확장할 수 있는 질문입니다. 꼭 배경지식이 많지 않아도 좋습니다. 최근에 함께 본 책이나 영화와 연결해주는 것입니다. 예를 들면 “이거 어제 본 OOO 책에 나왔던 것과 비슷한 것 같은데?”, “조나단이 비행연습을 하는 게 ‘모아나’에서 본 어떤 모습과 비슷하지?”라고 말해주는 것입니다 (《갈매기의 꿈》에서 주인공 조나단은 부모님의 반대에도 불구하고 먹이를 구하기보다 비행 훈련을 합니다. ‘모아나’라는 애니메이션에서 주인공 모아나는 족장인 아버지의 명령을 어기고 멀리 바다로 항해를 나갑니다. 주어진 한계를 벗어나 더 큰 나로 성장하려는 모습이 비슷하게 그려집니다).

### (5) 변화를 유도하는 질문

책을 읽은 후에는 무엇보다 ‘변화’가 중요합니다. 생각, 말, 행동이 변하지 않는다면 책을 많이 읽어도 큰 의미가 없습니다. 단순한 지식 쌓기를 위한 책 읽기는 지양해야겠죠. 아이의 생각과 행동의 변화를 이끌어내기 위한 질문을 잘 던져주세요.

예를 들어 “이 이야기에서 어떤 걸 느꼈어? 앞으로 너에게 유혹이 있으면 어떻게 할래?”, “살아가면서 뭐가 제일 중요할까? 새우깡 먹는 갈매기가 될래? 조나단이 될래?”, “왜지?”라는 질문을 통해 읽은 것을 정리하게 해주세요.

다음에는 연결독서에 대해서 알아보겠습니다.

2-3

# 고전 독서 교육법 3_ 연결독서로 무한확장하라

## 평생 독서의 습관을 길러주자

'연결독서'라는 단어는 사전에 나오는 것은 아닙니다. 제가 독서를 하면서, 그리고 독서 교육을 하면서 적용해본 방법을 표현할 단어를 찾다가 만든 말입니다. 거창한 것은 아니고 말 그대로 주제, 작가, 인물 등을 키워드로 다른 콘텐츠와 연결하면서 지식과 사고를 확장해가는 독서방법을 말합니다. 독서 콘텐츠를 늘려가고 사고의 폭을 넓혀가는 것이죠. 꼬리에 꼬리를 무는 독서 방법이라고 할 수 있겠습니다.

연결독서를 하면서 독서의 재미에 푹 빠질 수 있습니다. '재미'가 있어야 지속할 수 있는 것입니다. 연결독서의 경험을 통해 아이들에게 평생 독서 습관을 길러줄 수 있습니다. 조금 더 구체적으로 알아보겠습니다.

### 연결독서법 1_주제 연결

먼저 주제를 중심으로 연결하는 방법입니다. 비슷한 주제나 내용을 연결해서 읽고 그에 대해서 생각해보는 것입니다. 예를 들어《어린 왕자》에는 이런 내용이 나옵니다.

> 너희들은 의미가 없어. 아무도 너희를 길들이지 않았고 너희들 역시 아무에게도 길들여지지 않았으니까. 예전에 내 여우도 너희처럼 평범했어. 그는 수많은 다른 여우들 중 하나일 뿐이었어. 하지만 내가 그를 친구로 만들었기 때문에 이제 그는 이 세상에서 오직 하나뿐인 여우야.

어린 왕자가 자신에게 길들여지지 않은 수천 송이의 장미꽃을 보면서 의미가 없다고 말하고 있어요. 길들여진다는 것은 서로에게 '의미'가 있다는 것입니다. 더 이상 '그들They'이 아닌 '너You'가 된다는 것이 바로 '길들여짐'의 의미입니다. 흔한 존재가 아니라 이 세상에서 하나밖에 없는 존재가 되었다는 말입니다.

이 내용을 가만히 보고 있으면 떠오르는 시가 있습니다. 저는 김춘수 시인(1922~2004)의 '꽃'이 생각납니다.

내가 그의 이름을 불러주기 전에는

그는 다만

하나의 몸짓에 지나지 않았다.

내가 그의 이름을 불러주었을 때

그는 나에게로 와서

꽃이 되었다.

김춘수, '꽃' 중에서

여기서 '이름을 불러준다'는 것이 바로 《어린 왕자》에 나오는 '길들인다'는 것과 결이 같은 행위입니다. 아이들에게 책을 읽어줄 때에도 이렇게 연결해서 보여주고 함께 대화를 나눠보세요.

아이들에게 시를 읽어주세요. 낯설지만 감성을 자극하는 언어에 귀를 잘 기울입니다. 감동적인 부분은 함께 필사해도 좋습니다.

### 연결독서법 2_인물 연결

아이들은 특히 등장인물에 대해서 관심이 많습니다. 캐릭터를 중심으로 연결해서 독서의 폭을 확장할 수 있습니다. 예를 들면 《삼국지연의》에서는 여포가 가장 무력이 강한 장수로 나옵니다. "여포만큼 싸움을 잘했던 사람이 항우야. 둘의 공통점은 머리를 잘 쓰지 않고 자만심이 너무 강하다는 점이야."라고 말하면서 《초한지》를 함께 읽도록 유도할 수 있습니다.

### 연결독서법 3_작가 중심으로 확장

좋아하는 작가가 있다면 그 작가의 작품을 이어서 읽는 것도 아주 좋은 방법입니다. 저는 몇 년 전 밀란 쿤데라의 《참을 수 없는 존재의 가벼움》을 읽으면서 작가에게 흥미를 느껴서 그의 작품을 거의 다 구매했습니다. 모두 다 읽지는 못했지만 대표적인 책을 보면서 작가와 대화를 나누는 것 같은 기분을 느꼈습니다.

작가 중심으로 연결독서를 하면 고전 독서의 재미에 푹 빠지는 경험을 해볼 수 있습니다. 아이들은 특정 작가의 그림책을 좋아하는 경우가 있으니 그림책부터 시작해도 좋습니다.

### 연결독서법 4_사전과 도감 활용

집에 사전과 도감 종류는 되도록 많이 사서 구비해두세요. 물론 가격이 좀 비싸긴 하지만, 어휘를 확장하는 데에는 사전이 가장 좋습니다. 요즘 모르는 단어는 인터넷에서 클릭 몇 번만 하면 바로 찾아볼 수 있지만, 아이들의 어휘력 확장을 위해서는 사전을 펼쳐 가면서 단어의 뜻을 찾는 것이 좋습니다. 인터넷을 통해서 모르는 단어 뜻 하나만 빨리 찾아내는 것은 물론 효율적입니다. 그래도 사전을 넘겨가며 눈에 들어오는 다른 단어들도 보는 것이 어휘 확장에 많은 도움이 됩니다. 사전 찾기가 습관이 되면 한두 개의 단어를 찾으려고 사전을 꺼냈다가 몇십 분씩 사전만 보는 경우도 생깁니다. 국어사전, 영어사전, 옥편 등 주요 사전을 집에 구비해두고 자주 활용해보세요.

도감을 활용하는 것은 두뇌개발에 많은 도움이 됩니다. 이솝 이야기를 읽다가 여우에 대해 나왔다고 하면, 동물도감이나 백과사전을 뒤져서 여우가 나온 부분을 찾아보는 식입니다. 이런 식으로 무엇이든 연결해가면서 책을 보면 지식의 무한 확장이 가능합니다.

**연결독서법 5_다른 관점의 작품 비교**

같은 사건이라도 기록자에 따라서 관점이 달라질 수 있습니다. 예를 들어 소크라테의 제자 플라톤과 크세노폰은 각각 스승의 행적을 기록했습니다. 플라톤은《소크라테스의 변론》을, 크세노폰은《소크라테스의 회상》을 저술했습니다. 플라톤은 사변적이고 소크라테스를 다소 신성시했습니다. 반면에 크세노폰은 실천을 중시했고 좀 더 현실적인 모습의 소크라테스를 묘사했습니다.

이렇게 같은 인물이나 사건 등에 대해 다른 관점으로 쓴 글을 읽어보면 다양한 관점을 수용할 수 있는 눈을 기를 수 있습니다.

**연결독서법 6_독서에서 다른 활동으로 연결**

책을 보다가 연결고리를 찾아서 다른 활동으로 전환하는 것도 좋습니다. 예를 들어 읽은 이야기를 바탕으로 함께 연극을 한다거나, 그것을 그림으로 표현해보는 것입니다. 아이들의 집중력은 그렇게 길지 않습니다. 15분~30분 정도 책을 읽었다면 다른 활동을 하면서 독서한 내용을 표현할 수 있도록 유도해주세요. 스스로 표현하면서 읽은 내용을 정리할 수 있습니다. 그리고 자기만의 생각을 해나갑니다.

이 밖에도 여러분 각자에 맞게 연결독서 방법을 개발할 수 있습니다. 아이들에게 책을 읽으라고 말하기 전에 부모가 먼저 연결독서를 통해 독서의 재미를 느끼고, 지식과 깨달음을 넓혀가세요. 그것이 아이들을 독서의 세계로 이끌어주는 지름길입니다.

2-4

# 고전 독서 교육법 4_ 필사하라

## 쓰는 것은 읽는 것을 이긴다

'일사당십독一寫當十讀'이라는 말이 있습니다. 중국 송宋나라 이방李昉이 편찬한 백과사전인《태평어람太平御覽》에 나오는 말로 "글을 한 번 옮겨 쓰는 것은 열 번 읽는 것과 효과가 같다."라는 뜻입니다. 그런데 제 경험상, 그리고 실제로 필사하는 많은 사람들의 이야기를 들어보면 글을 한 번 옮겨 쓰는 것은 열 번 읽는 것보다 훨씬 효과가 큽니다. 한 번 옮겨 쓰는 것一寫은 열 번 읽는 것十讀과 같은 것當이 아니라 그보다 훨씬 더 좋습니다善. 그래서 저는 이 말을 '일사선십독一寫善十讀'으로 바꾸어야 한다고 생각합니다.

일본의 대표적인 뇌과학자이자 교토대 명예교수 구보타 기소는 그의 저서《손과 뇌》에서 이렇게 말했습니다.

손을 움직이거나, 손으로 만져 바깥 환경의 변화를 받아들일 때 뇌는 반드시 움직이고 있다. 이때 뉴런 신경세포의 집합체인 뇌에서는 뉴런이 그물망처럼 엉키고, 뉴런 사이에는 신경전위가 오간다.

즉, 손이 움직일 때 뇌가 움직인다는 것입니다. 눈으로만 책을 읽다 보면 종종 졸음이 쏟아질 때가 있습니다. 하지만 책을 읽다가 중요한 내용을 기록하면 어떨까요? 손을 움직이면서 책을 보기 때문에 뇌가 활성화되고 졸음 대신 아이디어가 떠오릅니다.

눈으로만 본 사실은 뇌가 아는 것으로 '착각'하기 쉽습니다. 그렇게 얻은 지식은 대개 고개를 끄덕이면서 보고 난 이후에는 바로 망각의 늪으로 빠져 사라져버립니다. 하지만 손으로 어딘가에 기록을 해두면 때때로 그 내용을 다시 확인할 수 있는 진짜 지식이 됩니다.

앞에서 내 아이와 함께 고전 독서하는 여러 가지 방법을 알아보았는데 그 모든 방법을 합친 것보다 강력한 방법이 바로 고전필사입니다. 필사의 장점과 필사하는 방법에 대해 좀 더 알아보도록 하겠습니다.

## 필사의 장점 5가지

필사에는 여러 가시 장점이 있지만 그중 대표적인 5가지를 한번 살펴보겠습니다.

### 첫째, 잠재력을 깨우고 창조성을 이끌어낼 수 있다

2011년 노벨경제학상 수상자인 토머스 사전트Thomas John Sargent 뉴욕대 교수는 "모방이 혁신의 시작이다."라고 말했습니다. 하늘 아래 완전히 새로운 것은 없습니다. 거장들의 완성된 작품을 모방하는 과정에서 나만의 결과물을 만들어낼 수 있습니다.

우리가 아는 많은 천재들은 처음부터 모든 것을 혼자 창조해내지 않았습니다. 누군가의 작품을 모방하면서 자신의 잠재력을 최대한으로 끌어올렸습니다.

바로크 음악을 대표하는 '음악의 아버지' 바흐Johann Sebastian Bac는 10세에 고아가 되어 큰형과 함께 생활하게 됩니다. 큰형은 유명한 오르간 연주자인 파헬벨의 제자였습니다. 그는 오르간 거장들의 악보를 많이 갖고 있었죠. 그런데 누구에게도 이 악보를 보여주지 않았습니다. 어린 바흐는 형 몰래 이 악보를 달빛 아래에서 6개월 동안 베꼈습니다. 어릴 때 이렇게 거장들의 음악을 베낀 내공과 열정이 있었기에 그는 바로크 음악의 거장이 될 수 있었습니다.

역사상 최고의 부와 명예를 누린, 20세기를 대표하는 입체파 화가 피카소Pablo Ruiz y Picasso는 미술 교사인 아버지의 영향을 받아 말을 배우기 시작할 무렵부터 그림을 그렸습니다. 그는 뭉크, 르누아르, 고갱, 고흐 등 수많은 거장들의 그림을 베꼈습니다. 새로운 이성을 만날 때마다 화풍이 바뀌었다는 말을 들을 정도로 다양한 기법을 연구했습니다. 그렇게 모방하는 과정에서 자신만의 독특한 작품세계를 구축할 수 있었습니다.

필사는 철저한 모방입니다. 동시에 철저한 창조과정입니다. 필사는 창의적인 아웃풋Output을 이끌어내는 기초가 됩니다.

### 둘째, 자신에게 온전히 집중해 조용히 내면과 대화하는 시간을 가질 수 있다

필사를 하면 자신에게 온전히 집중할 수 있습니다. 그 누구와도 아닌 자신과 대화하는 시간이 필사 시간입니다. 제가 운영하는 카페에서 필사를 함께하는 분들 중에는 삼사십 대 엄마들이 많습니다. 대부분 아이를 돌보면서 필사하는데 유아부터 초등 저학년 정도로 손이 많이 가는 시기입니다.

엄마는 필사를 하고 싶어도 아이들이 눈뜨고 있는 시간에는 도저히 엄두가 나지 않습니다. 그래서 대부분 새벽에 일찍 일어나 고전필사를 함께하고 있습니다. 새벽에 서늘한 공기를 마시면서 좋아하는 노트와 필기구를 갖고 고전을 필사하면 '살아있음'을 느낄 수 있습니다. 1시간 정도 되는 새벽 필사 시간만큼은 남편도, 아이도 신경 쓰지 않습니다. 고전의 작가들과, 나의 내면과 조용히 대화하는 시간입니다. 에너지가 충전되는 시간이지요.

### 셋째, 책의 내용을 가장 잘 이해할 수 있다

필사는 저자의 두뇌에 직접 접속할 수 있는 기회입니다. 필사의 기본은 '있는 그대로' 베끼는 것입니다. 이렇게 하면 천천히 저자의 입장에서 글을 써보는 체험을 하게 됩니다. 따라서 읽고 있는 책의 내용을 아주 잘 이해할 수 있습니다. 수박 겉핥기식 독서가 아니라 '씹어 먹는' 독서를 할 수 있습니다.

저자의 심정에서 책의 내용을 제대로 느껴보고 싶다면, 책 한 권을 통째로 필사해보기를 추천합니다. 많은 시간이 걸리는 일이니 처음에는 너무 두껍지 않은 책으로 시작해보세요.

### 넷째, 어휘력을 폭발적으로 늘릴 수 있다

손으로 글을 베끼면 단어 하나하나에 집중할 수 있습니다. '왜 여기서는 이 단어를 썼을까?', '이 말은 무슨 뜻일까?'라고 생각하면서 필사를 하면 글을 한땀 한땀 들여다보게 됩니다. 그러면서 단어의 본래 뜻과 용례를 명확하게 알 수 있습니다. 어휘력을 폭발적으로 늘릴 수 있는 좋은 방법이 바로 필사입니다.

우리 아이들에게 아름다운 우리 문학작품을 필사하게 해보면 어떨까요? 윤동주의 시, 이효석의 단편소설을 함께 필사해보세요. 아이 스스로 큰 감동을 받는 것을 볼 수 있습니다.

### 다섯째, 잡념이 사라지고 집중력이 높아진다

지금 여러분과 아이들에게 가장 중요한 것은 무엇일까요? 저는 집중력이라고 생각합니다. 눈앞의 현실은 우리의 집중된 생각과 의식에서 비롯됩니다. 어떤 일을 이루고 못 이루고는 바로 집중력에 달려 있습니다. 양보다는 질입니다. 공부만 해도 단순히 오랫동안 의자에 앉아만 있다고 잘하는 것은 아닙니다.

하지만 우리가 살고 있는 주변 환경은 집중하기 쉽지 않습니다. 책을 읽을 때도 마찬가지입니다. 하지만 중요한 내용을 필사하면서 읽으면 집중력을 끌어올릴 수 있습니다. 필사하면서 내 생각도 적어보세요. 그러면 좀 더 깊은 사색의 시간을 가질 수 있습니다. 잡념이 끼어들 틈이 없죠.

## 아이와 함께 필사하는 방법

필사하는 방법이 여러 가지가 있겠지만, 방법보다 중요한 것은 '부모가 먼저 시작하는 것'입니다. 처음 시작할 때는 일주일에 2~3회 정도, 한 번에 10분 정도 분량으로 아이와 함께 가볍게 시작해보세요. 아이에게 매일매일 숙제를 내주듯이 필사 과제를 주는 것은 좋지 않습니다. 아이가 싫증내고 억지로 하지 않도록 주의해주세요.

제가 실제로 아이와 함께 《논어》, 《채근담》, 《명상록》 등을 필사한 방법을 소개합니다.

(1) 잘 펴지는 노트와 부모와 아이가 각자 좋아하는 필기구를 준비합니다.
(2) 노트의 왼쪽 페이지에는 부모가 감동적으로 읽었던 문구를 필사합니다.
(3) 그 아래에는 부모가 아이에게 하고 싶은 말이나 질문을 적습니다(떠오르는 말이 없으면 생략해도 무방합니다).
(4) 노트 오른쪽 페이지에 아이가 부모의 필사한 내용을 따라서 베낍니다.
(5) 필사한 내용 아래에는 아이의 생각이나 부모의 질문에 대한 대답을 적습니다.
(6) 아이의 필사가 끝난 후에 필사한 내용과 생각에 대해 이야기를 나눕니다.

필사가 끝난 후에 대화를 나누는 것이 가장 중요합니다. 아이와 대화하면서 앞서 소개한 질문법을 바탕으로 질문을 던지고, 아이의 생각을 지지해주고, 확장해주세요. 이때 주의할 점은 답을 정해두고 그쪽으로 아이의 생각을 유도해서는 안 된다는 것입니다. 답은 없습니다. 아이의 생각을 듣고 왜 그렇게 생각하는지, 그렇게 스스로 생각해가는 '과정'을 칭찬하고 응원해주세요.

실제로 부모가 먼저 필사하는 사례와 필사 추천도서는 '아레테인문 아카데미' 카페를 참고해보세요.

- https://cafe.naver.com/fmsdoit

Chapter 3

# 아이와 함께 읽는 필독 고전 8선

3-1

# 정의를 위해서는 죽어야만 했을까?

《소크라테스의 변론》

## 아테네의 시민 소크라테스, 전쟁의 시대를 살아가다

플라톤의 《소크라테스의 변론》을 원전 내용을 중심으로 함께 읽어 보도록 하겠습니다. 소크라테스라는 이름은 학창시절 수업 시간에 한 번쯤은 들어보았을 거예요. "악법도 법이다."라는 말을 했다고 알고 있는데 그건 잘못된 상식입니다. 소크라테스는 그런 말을 한 적이 없습니다. 소크라테스는 자신이 직접 쓴 책을 남기지 않았습니다. 그래서인지 그에 대해 이렇게 잘못 알려진 사실도 있습니다. 책을 본격적으로 보기 전에 먼저 소크라테스Socrates라는 인물이 살았던 시대적 배경을 살펴보겠습니다.

소크라테스가 태어나 자란 곳은 그리스 아테네였습니다. 그리스는 여러 개의 도시국가인 폴리스로 이루어져 있었고 아테네는 그중 하나였어요. 그가 살던 때는 정치적으로 아테네가 상당히 혼란스러웠던 시기입니다.

소크라테스가 태어났을 때부터 20대 초반까지는 페르시아 전쟁(BC 492~BC 448) 시기였습니다. 페르시아 전쟁은 당시 대제국인 페르시아가 수십만의 군대를 이끌고 아테네 도시국가를 공격한 사건입니다. 역사적인 사실을 상당히 왜곡하긴 했지만 '300'이라는 영화를 보면 BC 480년 테르모필레 전투에서 페르시아 군과 맞서는 그리스 연합군(특히 스파르타인들)의 모습을 볼 수 있습니다.

처음에 그리스인들에게 페르시아 전쟁은 충격 그 자체였습니다. 그리스 도시국가들은 페르시아 전쟁 이전에는 도시국가들끼리 소규모로 전쟁을 했습니다. 그런데 대제국이 수십만의 대군을 이끌고 쳐들어온 것입니다. 도저히 상대해볼 엄두가 나지 않았을 것입니다. 하지만 아테네와 스파르타를 중심으로 그리스 연합군은 승리를 거두었고, 그리스는 전성기를 구가합니다. 특히 아테네는 델로스 동맹의 맹주로 그리스의 주도권을 쥐었습니다. 이때 아테네에는 민주주주의 세력이 득세하게 됩니다.

그리스 국가들이 연합해서 외부의 적을 몰아낸 다음에는 내부적인 갈등이 폭발합니다. 주도권을 쥔 아테네의 전횡에 반발해서 그리스 도시국가들 사이에 펠로폰네소스 전쟁(BC 431~BC 404)이 일어났습니다. 좀 더 정확하게 말하자면 아테네를 중심으로 하는 델로스 동맹의 폴리스들과 스파르타가 이끄는 펠로폰네소스 동맹의 폴리스들 간의 전쟁이었습니다. 이 당시 아테네는 민주정을 대표했고, 스파르타는 과두정寡頭政, 즉 귀족정을 대표했습니다. 결국 스파르타가 승리했고 이후 그리스는 쇠락의 길을 걷게 됩니다.

펠로폰네소스 전쟁의 결과 아테네에서도 귀족정을 지지하는 세력들이 득세하게 됩니다. 펠로폰네소스 전쟁이 끝났을 때 소크라테스는 67세였습니다. 소크라테스는 직접 정치에 관여하지는 않았지만, 그와 관련된 사람들이 귀족파 측에 몸담고 있었습니다. 이것이 훗날 소크라테스의 죽음과 연관이 됩니다. 몇 년 뒤 민주정 세력이 다시 힘을 얻으면서 소크라테스도 귀족파로 분류되어 보복을 당하게 된 것입니다.

간략하게 소크라테스가 살았던 시대배경을 살펴봤습니다. 잠깐 세계사 시간으로 돌아간 듯한 기분이었네요. 우리가 어떤 철학자나 사상가의 생각을 읽으려면 그가 숨쉬고 살았던 시대의 역사적인 맥락을 아는 것이 중요합니다. 아이들에게도 책을 읽히기 이전에 이런 배경을 재미있게 이야기해주면 좋습니다. 특히 소크라테스가 살았던 때는 페르시아 전쟁, 펠로폰네소스 전쟁과 같이 유명한 전쟁의 시기였습니다. 헤로도토스의《역사》는 페르시아 전쟁을, 투키디데스의《펠로폰네소스 전쟁사》는 펠로폰네소스 전쟁을 다루고 있습니다. 이런 책은 상당히 두껍고 지루할 수 있습니다. 하지만 특정 부분만 연계해서 읽어 보면 매우 흥미롭습니다.

소크라테스는 작은 키에 못생긴 외모를 가졌던 것으로 알려져 있습니다. 그는 거리를 어슬렁거리면서 안다고 '착각'하고 있는 사람들에게 질문을 던져 결국 그들이 아는 게 아무것도 없다는 것을 깨닫게 했습니다.

'소크라테스' 하면 '무지無知의 지知', '산파술', '아는 것의 실천' 등의 키워드로 많은 사람들이 설명하고 있습니다. 저에게 소크라테스를 한마디로 표현하라고 한다면 '정의의 철학자'라고 하겠습니다. 그는 내면의 양심의 소리를 못 들은 체하지 않았습니다. 정의롭지 않은 행동을 하지 않고 신념에 따라 옳은 행동을 했습니다. 설사 그것 때문에 목숨이 위험해진다고 해도 말이죠.

## 72세의 소크라테스, 아테네 법정에 서다

이제부터 《소크라테스의 변론》을 원문을 통해 자세히 살펴보겠습니다.

여러분은 나에게서 모든 진실을 듣게 될 것입니다. 내가 이 적지 않은 나이에 여러분 앞에 불려 나와 떼쓰는 아이처럼 발뺌할 구실을 만들려고 한다는 것은 연륜에 걸맞지 않은 일이기 때문입니다.
고명한 사람이 법정에 서면 아주 딴 사람처럼 행동하는 것을 나는 자주 보아왔습니다.

소크라테스는 72세에 아테네 법정에 섭니다. 당시에 이 법정에서 여러 형태의 변론 모습을 볼 수 있었습니다. 어떤 사람들은 떼를 쓰기도 하고, 처자식이 있으니 살려달라고 애걸복걸하는 사람도 있었습니다. 소크라테스는 그런 부끄러운 방식으로는 변론하지 않겠다고 당당하게 이야기를 하고 있습니다.

나를 고발한 사람들은 두 종류가 있다는 것을 인정해야 합니다. 그것은 나를 이 법정에 세운 최근 고발한 사람들이며, 다른 하나는 (중략) 오래전부터 나를 고발해왔던 그런 고발자들입니다. 내가 먼저 변명을 해야 하는 대상은 후자의 고발자들입니다.

소크라테스를 고발한 사람들은 민주정을 지지하는 세력들이었습니다. 하지만 그 이전부터 소크라테스에게 반감을 가진 사람이 많았습니다. 왜냐하면 소크라테스가 시인이나 정치가, 조각가 등 명망 있는 사람들을 찾아다니면서 "너는 무지하다."라고 참교육을 하고 다녔기 때문입니다. 그렇게 소크라테스에게 망신당한 사람들이 앙심을 품었습니다. 그리고 플라톤처럼 젊은 귀족의 자제들이 소크라테스와 대화만 하고 나면 부모세대의 모순에 대해 이를 악물고 비판하니 기득권 층에서 좋아할 리가 없었죠.

내가 이러한 명성을 얻은 것은 어쨌거나 한 가지 지혜를 갖고 있기 때문인 것만은 틀림없을 것입니다. (중략) 실제로 내가 가진 지혜는 특별할 것 없는 그런 지혜이기 때문입니다.
카이레폰은 나보다 더 지혜 있는 자가 있는지 없는지를 물었던 것입니다. 그러자 그곳 무녀는 나보다 지혜 있는 자는 아무도 없다는 신탁을 주었습니다.

카이레폰은 소크라테스의 친구이자 제자입니다. 이 사람이 델포이 신전에 찾아갔습니다. 그런데 그곳에서 소크라테스가 가장 지혜롭다는 신탁을 받았어요. 소크라테스는 자신을 변론하면서 자기가 스스로 지혜가 있다고 한 것이 아니라는 점을 밝혔습니다.

그런데 그는 자신이 그렇게 지혜가 있다고 생각지 않았어요. 이 지점에서 소크라테스의 비범함이 빛을 발합니다. 그는 신탁이 옳지 않다는 것을 증명하려고 했죠. 이후 정치가, 작가, 장인과 같이 지혜가 있어 보이는 사람들을 찾아다닙니다. 그렇게 지혜롭다고 생각되는 사람들을 만나 대화를 나누면서 소크라테스는 이런 생각을 하게 됩니다.

나는 이 사람보다 지혜가 있다. 왜냐하면 그 사람도 나도 사실상 아름다움이나 선善을 모르고 있지만 이 사람은 무언가 알고 있다고 생각한 반면, 나는 모르니까 그대로 모른다고 생각하기 때문이다. 즉, 나는 모르는 것은 모른다고 깨닫는, 오직 그것만으로도 내가 더 지혜가 있다.

이렇게 그는 '무지無知의 지知'를 깨달았습니다. "인간은 애초에 신과 같은 지혜를 가지고 있지 않기 때문에 아는 것이 없다."라는 것입니다. 철학을 뜻하는 영어 단어 'philosophy'는 그리스어 'philosophia'에 뿌리를 두고 있습니다. 그리스어로 '사랑'을 뜻하는 'philia'와 '지혜'를 의미하는 'sophia'가 결합된 말입니다. 지혜에 대한 사랑이 바로 철학입니다.

결핍은 욕구의 원천입니다. 인간은 신에 비해서 지혜가 부족하기 때문에 그것을 추구합니다. 더 나아지려고 노력합니다. 이런 관점에서 보면 '무지의 지'는 소극적인 차원의 자기비하가 아닙니다. 오히려 적극적인 인간 계발을 위한 신선한 자극인 셈이죠.

"나는 아는 것이 없다."라는 그 사실을 명확하게 인지하는 것입니다. 거기서부터 신의 지혜로 가는 인간의 위대한 여정이 시작되는 것입니다. 다시 말해 무지에 대한 자각에서부터 철학은 시작하는 것이라고 할 수 있습니다.

젊은 사람들에게 시험을 당한 자들은 자기 자신의 무지에 화를 내지 않고 나에게 화를 내었던 것입니다. (중략) 무엇을 아는 체하고 있지만, 아무것도 모른다는 것을 받아들이고 싶지가 않았기 때문입니다.

그런데 소크라테스나 그에게 영향을 받은 젊은이들에게 이런 점을 지적받은 지식인들의 기분은 어땠을까요? 소크라테스에 대한 미움은 점점 쌓여만 갔습니다. 이것이 소크라테스가 고발당하는 원인이었습니다.

## 자신만의 소명을 정의하는 삶

지혜가 있다고 여겨지지 않을 때는 신을 도와 그 사람이 지혜 있는 자가 아니라는 것을 밝혔던 것입니다. 그리고 이 일로 분주하기 때문에 나랏일이건 집안일이건 이렇다 할 가치가 있는 무엇을 할 여가가 없습니다. 그래서 무척 가난하게 살고는 있습니다만, 이것도 다만 신을 섬기기 위한 것이기 때문입니다.

소크라테스는 스스로 부여한 자신만의 소명의식으로 가득 차 있었습니다. 바로 자신이 "신을 섬기는 올바른 일을 하고 있다."라는 것이었습니다. 그는 아테네 시민들을 일일이 찾아다니며 "당신은 무지하다."라고 깨우쳐주는 것을 소명으로 삼았습니다. 그것만이 가치가 있는 일이라고 생각했습니다. 그래서 가정을 돌볼 새가 없었고, 돈을 벌어오지 못하니 아내 크산티페에게 물벼락을 맞기도 합니다.

소크라테스는 왜 그렇게 '돈 안 되는' 일을 하고 돌아다녔을까요? 당시의 시대적인 상황을 한번 생각해볼 필요가 있습니다. 전쟁의 시기에 살았던 만큼 소크라테스도 여러 번 전투에 참여했습니다. 그는 맨발로 행군하고 한겨울의 추위도 거뜬히 이겨내는 강인한 체력의 소유자였습니다. 어린 제자 알키비아데스의 목숨을 구해줬다는 일화도 전해집니다. 그는 애국자이면서 용감한 시민이었죠.

소크라테스가 젊은 시절에 그리스 연합군은 대제국 페르시아를 물리칩니다. 그리고 아테네는 최고의 전성기를 맞이하죠. 하지만 노년에 그가 바라본 아테네는 펠로폰네소스 전쟁에 패해 힘을 잃고, 정치적으로도 혼란스러운 한심한 도시국가였습니다. 그는 이런 상황에서 아테네 시민들에게 어떤 말을 던지고 싶었을까요? "무엇인가를 알고 있다는 교만함을 벗어나라."는 말을 하고 싶지 않았을까요?

> 소크라테스는 범죄인이다. 청년들에게 유해하고 파멸적인 영향을 주며, 국가가 인정하는 신을 믿지 않으며, 새로운 신령 따위를 믿고 있다.

이 내용이 고발장의 내용입니다. 그의 죄목은 크게 두 가지로 나눠집니다. 하나는 "청년들에게 유해한 영향을 미치고 있다."라는 것이고 다른 하나는 "국가가 인정한 신을 믿지 않는다."라는 것입니다. 그런데 이 두 가지 죄목 때문에 소크라테스가 목숨까지 잃는 것은 좀 과한 처사라는 생각이 듭니다. 게다가 소크라테스의 변론 내용을 보면

이 두 가지 죄목을 적용하기에 상당한 무리가 있습니다. 내용을 좀 볼까요?

> 나를 제외한 아테네 시민 모두가 훌륭하고 착한 인간을 만들고 있지만, 나만 그들을 타락하도록 만들고 있는 모양이군. 당신이 하고 싶은 말이 이것인가? (중략) 자기와 함께 있는 사람들한테서 이익을 얻는 것보다 오히려 해를 입고 싶어 하는 사람이 있겠는가? (중략) 나는 이 나이가 되었으면서도 함께 사는 사람을 타락시키면 나 자신이 그 사람들로부터 손해를 입기 쉽다는 것을 알지 못할 만큼 무지몽매하다는 말인가? 그리고 그 결과 엄청난 악을 나 스스로가 자진하여 만들어내려 하고 있다는 것이 당신의 주장이라고 볼 수 있는데, 그런 일이 있을 수 있을까?

소크라테스는 자신을 고발한 멜레토스에게 이렇게 질문 공세를 퍼붓습니다. 멜레토스는 결국 제대로 말을 못 하고 논박당하고 맙니다. 소크라테스의 논리는 이렇습니다.

(1) 함께 있는 사람들을 타락시키면 해를 입는다.
(2) 함께 있는 사람들에게 해를 입고 싶어 하는 사람은 없다.
(3) 나도 함께 있는 사람들을 타락시키고 싶어 하지 않는다.
(4) 그런데 내가 함께 있는 사람들을 타락시키고 있다는 게 당신의 주장이다.

나는 실제로 남에게 나쁜 영향을 미치지 않고 있거나, 혹은 나쁜 영향을 미치고 있더라도 그것은 내가 고의로 하는 것이 아닐 것이다.

고의가 아닌 것을 벌하기는 어렵겠죠?

이 사람은 고소장에서 스스로 모순되는 말을 하고 있는 것입니다. 마치 "소크라테스는 신을 믿지 않으며, 그럼에도 불구하고 신을 믿는다. 그래서 그는 죄를 저지르고 있다." 이런 말을 하려는 것과 같습니다.

고소장을 잘 들여다보면 소크라테스가 '국가가 인정하는 신'을 믿지 않고 '새로운 신'을 믿고 있다고 되어 있습니다. 국가가 인정하는 신을 믿는다는 것은 소크라테스가 명확하게 밝힙니다. 그렇다면 남은 문제는 신 자체를 믿지 않는다는 것이죠. 하지만 이 문제는 간단히 해결됩니다. "새로운 신을 믿는다."라는 고발장 내용 자체가 모순이기 때문입니다. 어떤 신이 되었든 소크라테스는 신을 믿고 있으니까 죄가 되지 않는 것이죠. 따라서 소크라테스가 그렇게 논박했을 때 멜레토스는 별다른 이의를 제기하지 못합니다.

결국 논리 싸움에서는 소크라테스가 이겼습니다. 그런데 그는 죽음을 맞이합니다. 왜 그랬을까요? 어쩌면 소크라테스는 정의롭게 살아온 자신의 삶의 가치를 더욱더 빛나게 하기 위해 스스로 죽음을 택한 것은 아닐까 생각해봅니다.

소크라테스는 70 평생을 자신이 옳다고 생각한 일을 했습니다. 그런데 사실 자신이 원하는 정도로 많은 사람들에게 '무지의 지'를 깨닫게 하지는 못했습니다. 그의 삶은 항상 곤궁했습니다. 그래서 당대의 희곡에서 조롱거리가 되기도 했습니다. 따르는 제자들은 있었지만 정치적으로 강한 영향력을 가지지도 못했습니다. 그를 시기하고 질투하는 사람들은 호시탐탐 그를 깎아내리려고 했지요.

이런 상황에서 그가 삶에 그렇게 애착을 보였을까요? 그는 오히려 자신이 옳지만 부당한 재판을 통해 죽음으로써 자신의 삶을 증명하려고 한 것은 아니었을까요?

많은 사람들의 증상과 질투가 많은 선량한 사람들을 죽음으로 몰아넣었고, 아마도 앞으로 더 많은 사람들을 죽게 할 것이므로 내가 마지막 희생자가 되리라는 염려는 없을 것입니다.

소크라테스는 자신뿐 아니라 앞으로도 선량한 사람들이 증상과 질투로 희생될 것이라고 말했습니다. 그것은 인간의 본성 때문에 계속 발생할 수밖에 없는 비극인 것이죠.

조금이라도 훌륭한 사람은 죽느냐 사느냐 하는 위험을 헤아려서는 안 되는 것이오. 그는 어떤 일을 하면서 오직 올바른 행위를 하느냐 그릇된 행위를 하느냐, 곧 선량한 사람이 할 일을 하느냐 악한 사람이 할 일을 하느냐 하는 것만 고려해야 한다는 것이오.

바로 이 말이 소크라테스 정신의 위대함을 보여주고 있습니다. 그는 죽고 사는 문제에 초연했습니다. 오직 올바른 행위를 하는 것만이 중요하다는 그 생각을 그대로 실천하고 있습니다.

전투에 배치되었을 때에는 (중략) 죽음에 직면해서도 위험을 무릅쓰면서 그곳을 굳게 지켰습니다. 하물며 신이 자기 자신과 다른 사람들을 탐구하는 애지자愛智者의 사명을 수행하도록 나에게 명령했을 때-나는 그렇게 믿고, 또 그렇게 해석합니다만-죽음의 공포나 또는 기타의 두려움 때문에 나의 자리를 포기한다면, 그야말로 끔찍한 잘못을 저지르는 것이 될 것입니다.
다른 사람들을 시험하는 것은 신이 나에게 부과한 의무라고 생각하고 있습니다.

소크라테스는 아테네의 시민으로서 몇 번의 전투에 참전했고 용감하게 싸웠습니다. 여기서는 그의 소명의식을 살펴볼 수 있습니다. 그는 신이 자신에게 '애지자'의 사명을 수행하도록 명령했다고 믿었습니다. 즉, 친구가 델포이 신전에서 소크라테스가 가장 지혜롭다는 신탁을 받았을 때, 그는 그것을 신이 자신에게 사명을 준 것으로 해석한 것입니다. 그리고 그는 그것을 위해 죽음까지도 불사하겠다는 생각을 하고 있습니다.

그 사명의 구체적인 내용은 무엇이었을까요? '자기 자신과 다른 사람을 탐구하는' 것이라고 표현되어 있습니다. 당시 아테네는 엄청난 혼란의 시기였습니다. 전쟁, 전염병, 정치적 혼란에 아테네의 위상도 추락했죠. 그는 영광스러운 아테네의 모습을 되찾기 위해서는 아테네인들이 지혜로워져야 한다고 생각했습니다. 그리고 그 첫 걸음이 자신이 무지하다는 것을 아는 것이라고 본 거죠. 그리고 그것을 깨우쳐 주는 것이 자신의 사명이라고 여겼습니다.

이렇게 스스로 자신에게 가치 있는 사명을 정의하고 실천하는 것, 이것이 바로 소크라테스에게 배워야 할 것이 아닌가 싶습니다.

> 죽음을 두려워한다는 것은 바로 지혜로움을 가장하는 것이지 진정한 지혜로움은 아니기 때문입니다. (…) 죽는다는 것은 다음 두 가지 중 하나일 것입니다. 말하자면 전혀 무無와 같은 것으로 죽은 자는 아무것도 느끼지 못하거나, 아니면 전해져 내려오듯이 그것은 영혼의 이동으로 이 자리에서 다른 곳으로 옮겨가는 변화 같은 것입니다.

소크라테스는 죽음을 두려워하는 것은 지혜롭지 않다고 생각했습니다. 그의 말을 통해서 그 이유를 좀 살펴볼까요? 죽음은 완전한 무로 돌아가거나 영혼의 이동에 불과한 것이거나 둘 중 하나입니다. 어떤 것이 맞는지는 알 수 없습니다. 하지만 두 가지 경우 모두 그렇게 두려워할 필요는 없습니다.

죽음을 통해 우리가 완전히 무로 돌아간다면 아무것도 느끼지 못할 것입니다. 그러니 두려워할 필요가 없죠. 만약 영혼이라는 것이 있고, 죽음이라는 것은 영혼의 이동에 불과한 것이라면 사후 세계라는 것이 있을 테고, 이승에서의 죽음은 영혼의 세계에서의 탄생과 마찬가지이니 겁낼 필요가 없는 것입니다.

어떤 사람이 제일 무서운 사람일까요? 바로 죽음을 두려워하지 않는 사람입니다. 이렇게 두려움이 없는 사람은 이길 수가 없어요. 일제 강점기를 생각해볼까요? 독립운동가들 중 일부는 목숨을 걸고 독립운동을 했습니다. 그들은 대부분 가난 속에서 허덕이고 힘들게 살아갔습니다. 반대로 어떤 이들은 일제의 앞잡이가 되어 잘 먹고 잘 살았죠.

우리가 만약 일제시대에 태어났다면 어떤 삶을 택했을까요? 그 이유는 무엇일까요? 결국 가치관의 문제입니다. 어떤 가치관을 가졌느냐에 따라 그 사람의 삶의 궤적이 달라집니다. 아이들에게 소크라테스의 생사관을 소개해준다면 어떨까요? 죽음이라는 것이 결코 두려워할 것이 아니라면, 자신이 옳다고 믿는 가치관에 따라 온 힘을 다하는 멋진 삶을 살아가지 않을까요?

명성이나 지위에 관해서는 신경을 쓰면서 지혜와 진리와 영혼의 최대 향상은 거의 돌보지 않고 이러한 일은 전혀 고려하지도 주의를 기울이지도 않는 것을 왜 부끄러워하시 않소?

(나는) 여러분 한 사람 한 사람을 붙잡고, 자기 자신이 되도록 훌륭한 사람이 되고 사려 깊은 사람이 되도록 마음을 쓰고, 개인적 이익을 구하기에 앞서 덕과 지혜를 추구해야 한다고 설득했습니다.

이 말에서 소크라테스가 추구하는 가치가 무엇인지 알 수 있습니다. '지혜와 진리와 영혼의 최대 향상'이라는 표현이 나옵니다. "아테네인들이여 제발 지혜로워져라. 진리를 추구하라. 영혼의 향상을 위해 노력하라."는 말이 바로 소크라테스가 동시대의 아테네인들에게 전하고 싶었던 메시지였습니다.

소크라테스가 말년에 바라본 아테네는 옛 영광을 잃고 쇠락한 모습이었습니다. 그는 아테네 시민들에게 개인적인 이익을 추구하기보다는 지혜와 진리를 추구할 것을 요청했습니다.

나는 신이 이 나라에 눌러 붙여둔 사람입니다. (중략) 신은 나를 이 나라에 마치 그 등에 같은 것으로서 달라붙어 있도록 하지나 않았을까 하는 생각을 하고 있습니다. 즉, 나는 여러분의 눈을 뜨게 하기 위해서 한 사람 한 사람 어디든지 따라가서 무릎을 맞대고 온종일 설득하거나 비난하는 일을 그만두지 않는 사람이라는 것입니다.

소크라테스가 자신의 메시지를 전하는 방식이 당시 아테네 대다수의 사람들에게는 불편했을 것입니다. 귀찮은데 등에처럼 달라붙어서 "당신은 아는 것이 없다."라고 공격을 하니 좋아할 사람이 많지는 않았겠죠. 하지만 젊은이들 중에는 열광하는 사람들이 있었습니다. 젊은 시절에는 가지고 있는 것을 지키기보다는 새로운 것에 도전하고, 진리를 밝히고, 이상을 추구하는 것에 더 관심이 많으니까요.

> 나는 구속이나 사형이 무서워서 옳지 않은 의결을 내리는 여러분과 한패가 되는 것보다는, 차라리 법과 정의의 편에서 모든 위험을 무릅써야겠다고 생각했던 것입니다. (중략) 나는 나 자신이 처벌을 받아도 마땅하다고 생각할 수 없으므로, 어떤 처벌도 제안할 수 없습니다. 대체 무엇이 두려워서 그렇게 해야 한단 말입니까?

이 말에서 저는 "소크라테스가 합법적인 자살을 한 것이 아닌가?"라고 의심을 하게 됩니다. 당시 적절하게 타협을 했다면 벌금을 내고 풀려날 수도 있었습니다. 하지만 소크라테스는 자신은 죄가 없다고 변론했습니다.

고소를 당했을 때 그의 나이는 72세였습니다. 살아갈 날도 얼마 남지 않았고, 이룬 것도 만족스럽지 않았을 것입니다. 그가 평생 주장한 가치를 아테네인들에게 가장 강렬하게 전달할 수 있는 방법은 무엇이었을까요? 사형이 무서워서 벌금을 무는 것은 소크라테스가 생각하는 정의가 아니었습니다. 그는 변론의 시간을 아테네인들에게 자신의 주장을 펼치는 대중강연의 장으로 만들었습니다.

죽음의 회피가 어려운 것이 아니라 불의를 피하는 것이 훨씬 더 어렵습니다. 왜냐하면 그것은 죽음보다도 걸음이 빠르기 때문입니다. 그래서 지금 나는 나이를 먹고 걸음이 느려서 느린 편의 죽음에 붙잡혔지만, 나를 고발한 사람들은 예리하고 민첩한 인물들이니, 걸음이 빠른 불의에 붙잡히고 말 것입니다.

굉장히 재미있는 표현입니다. "불의는 죽음보다 걸음이 빠르다. 나는 걸음이 느려서 죽음에 붙잡혔다. 곧 죽을 것이다. 하지만 나를 고발한 이들과 아테네인들은 불의에 사로잡힐 것이다. 즉 당신들의 행동은 불의하다."라고 말하고 있는 것입니다. 이렇게 추상명사를 의인화한 표현이 호메로스의 작품에도 많이 나옵니다.

내가 죽은 뒤 머지않아 여러분에게는 벌이 내려질 것입니다. 그것은 (중략) 쓰라린 형벌이 될 것입니다. 왜냐하면 지금 여러분이 이런 행위를 한 것은 여러분의 삶을 캐묻고 비난하는 자로부터 벗어나고 여러분의 삶을 설명하고 싶지 않았기 때문일 것입니다.

소크라테스는 아테네인들에게 벌이 내려질 것이라고까지 말하고 있습니다. "당신들은 진실을 말하는 나를 죽인, 자신의 삶을 제대로 설명하지 않으려 한 벌을 받을 것이다."라고 말입니다. '불편한 진실'이라는 말이 있습니다. '진실이지만 알고 나면 상당히 불편한 사실'이죠. '눈을 감아버리면 되는데 누군가 굳이 들춰내려고 하면 막고 싶어지는 것'입니다. "당신들은 무지하고 덕과 지혜를 추구하지 않는다."라는 것은 많은 아테네인들에게 불편한 진실이었습니다.

> 이제 끝을 맺을 시간이 되었습니다. 이제 가야 합니다. 나는 죽기 위해서, 여러분은 살기 위해서. 그러나 우리를 기다리고 있는 앞길은 어느 쪽이 더 좋은지 오직 신만이 알 것입니다.

어느 쪽이 더 좋았나요? 철인을 죽음으로 몰아간 고발자들인가요? 아니면 죽음의 길을 의연하게 걸어간 소크라테스 쪽인가요? 우리 아이들에게 어떤 가치관을 전해주어야 할까요?

사람은 그저 살기 위해 사는 것이 아닙니다. 자신의 가치와 이상을 실현시키기 위해 살아가는 것이 아닐까요? 그렇다면 어떤 가치를 추구해야 할까요? 어느 시대에나 지배적인 가치관이 있습니다. 우리는 어떤 가치관에 따라 살아가고 있을까요? 돈을 잘 버는 것 외에 아이들에게 전해줄 만한 인생의 가치가 없다면 서글픈 일입니다.

## 소크라테스에게 배울 수 있는 점

소크라테스에게는 어떤 점을 배울 수 있을까요? 아이와 함께 이야기 나눠볼 수 있는 점을 정리해보았습니다.

### (1) 옳다고 믿는 정의를 실천함

소크라테스는 옳다고 믿는 정의를 그대로 실천했습니다. 사실 그의 행적을 보면 믿기 힘들 정도로 실천력이 강했습니다. '무지의 지'를 설파하기 위해 평생 아테네인들과 대화하면서 집안일도 돌보지 않았죠. 가족들에게는 무척 괴로운 상황이었을 것입니다.

집안일을 완전히 내팽개쳐둔다는 건 좀 극단적이기는 합니다. 하지만 아는 것을 실천하는 정신 하나만은 높이 평가할 만합니다. 우리는 작은 이익을 위해 원칙과 정의를 버리는 경우가 허다합니다. 오히려 원칙이나 규칙을 우직하게 지키는 것을 융통성이 없다거나 멍청하다고 평가하기까지 합니다.

### (2) 양심의 소리에 귀를 기울임

우리가 학교에서 도덕 수업을 열심히 듣지 않더라도, 어떤 상황에서 직관적으로 '이건 아니다.'라고 판단할 수 있습니다. 왜냐하면 인간에게는 가르쳐주지 않아도 '양심'이라는 것이 있기 때문입니다. 맹자도 우물가에서 아이가 빠지려고 하면 누구나 일단 아이를 구하려는 본성이 있다고 했습니다. 누구나 타고난 선한 본성을 갖고 있는 것입니다.

소크라테스는 철저하게 내면의 소리에 귀를 기울였습니다. 양심에 비추어 아니라고 생각하는 것에 대해서는 아니라고 명확하게 말하고 행동했습니다. 제자들과 친구들이 소크라테스에게 적당히 타협하고 얼마간 벌금을 물고 목숨을 건지자고 했을 때에도 단호하게 거부합니다. 자신은 결단코 잘못이 없는데 벌금을 낸다는 것은 잘못을 인정하는 것이 되니까요. 이렇게 "아닌 건 아니다."라고 말하고 행동하는 데에는 용기가 필요합니다. 이런 용기는 어디에서 올까요?

### (3) 삶과 죽음을 초월함

소크라테스는 삶과 죽음을 초월했습니다. 죽음을 결코 두려워할 대상으로 여기지 않았습니다. 우리는 왜 비굴해지거나 이익 앞에 약해질까요? 바로 죽음을 두려워하기 때문입니다. 육신의 편안함과 생존에 대한 집착을 벗어나지 못하기 때문입니다. 인문학 공부, 고전 읽기의 궁극은 나만의 생사관을 정립하는 것입니다.

3-2

# 성인의 말은 버릴 것이 없다

《논어》

이번에 소개해 드릴 책은《논어》입니다. 공자는 너무나 유명한 분이죠. 2,500년 동안 동양뿐 아니라 세계적으로 많은 영향을 끼친 사상가입니다. 그런데 '공자왈, 맹자왈'이라는 말을 들으면 어떤 느낌이 들죠? 아마 고리타분하고, 답답하고, 갓 쓴 할아버지 이미지가 떠오를지도 모릅니다. 꽤 오래 전 일이지만 IMF 직후에《공자가 죽어야 나라가 산다》라는 제목의 책이 나오기도 했습니다. 엘리트주의, 폐쇄성, 토론 부재, 혈연 · 학연 · 지연을 중요시하는 태도 등 한국 사회에 뿌리박힌 관념들이 모두 유교적인 전통에서 비롯되었다는 비판의식을 바탕으로 한 내용이었습니다.

물론 유교적 전통에서 지나치게 제사와 예를 강조한 점, 어딜 가나 나이를 따지는 것, 군자와 소인의 이분법적인 사고 등 일부 받아들이기 곤란한 부분은 있습니다. 하지만 그렇다고 공자의 모든 말을 평가절하할 필요는 없습니다. 우리가 받아들일 만한 것은 수용하고, 그렇지 않은 것은 내버려두면 되는 것이죠. 《논어》에는 아이들과 함께 읽으면 좋은 말이 굉장히 많습니다. 배움의 가치를 중요시하고, 좀 더 나은 사람이 되기 위해 노력하는 점, 잘못을 인정하는 태도 등을 배울 수 있습니다.

먼저 공자와 소크라테스를 비교해보겠습니다. 두 사상가는 닮은 점이 꽤 많습니다. 그리고 시대적인 배경을 간략히 살펴본 뒤에 《논어》에서 아이들과 함께 읽으면서 생각해볼 만한 주요 문장을 원전으로 함께 보도록 하겠습니다. 사실 《논어》의 문장은 아이가 초등학교 2~3학년 정도부터는 함께 필사하기에도 아주 좋습니다. 가장 좋은 것은 부모가 《논어》를 먼저 쭉 읽은 후 아이와 함께 나누고 싶은 문장을 뽑아보는 것입니다. 당장 그것이 어렵다면 책에 뽑아 놓은 문장 위주로 필사를 시작해도 좋겠습니다.

## 닮은꼴 사상가 공자와 소크라테스

공자와 소크라테스는 여러모로 비슷한 점이 많습니다. 공자가 기원전 551년~479년, 소크라테스가 기원전 470년~399년이니 생존 시기가 겹치지는 않습니다. 하지만 공자가 세상을 떠나고 9년 뒤에 소크라테스가 태어났으니 크게 차이 나는 것도 아닙니다. 동서양 사상에 절대적인 영향을 준 두 인물이 비슷한 시기에 활동했다는 점이 신기합니다.

두 사람은 직접 쓴 글이 그리 많지 않습니다. 소크라테스의 저작은 한 권도 없죠. 제자인 플라톤이 기록한 것 외에 소크라테스가 직접 쓴 글은 없습니다. 공자는 유교 5경 중 하나인 《춘추》라는 역사서를 완성했습니다. 《춘추》는 편년체(역사적 사실을 연월일 순으로 기록하는 기술)로 노나라 일부 역사를 아주 간결하게 기록했습니다. 하지만 친절하게 하나하나 설명해놓은 책이 아닙니다. 그냥 몇 년 몇 월 며칠에 무슨 일이 있었음, 끝, 이런 식이죠. 그래서 그에 대한 해설서인 전傳만 948편이나 된다고 합니다. 공자는 주역을 해설한 《십익十翼》을 지었다고 하지만 학자들 사이에서는 공자의 글이 맞는지 의견이 갈립니다. 동양 문화에 지대한 영향을 준 사상가치고는 지은 책이 좀 초라해보입니다.

이들이 살았던 세상의 혼란함도 주목해볼 만합니다. 공자는 춘추시대에 비교적 힘이 약한 노나라 출신이었습니다. 한때 종주국이었던 주나라의 힘이 쇠약해지고 각 지역의 제후들이 서로 공방전을 계속하던 시기였죠. 소크라테스는 두 차례의 큰 전쟁 후 민주정과 귀족정을 지지하는 세력들이 서로 다투는 시기의 아테네 시민이었습니다.

이들은 자신의 고향에 애착을 갖고 각자 자신의 이상을 실현하기 위해서 분투했습니다.

두 성인의 공통점 중에서 가장 재미있는 것은 두 사람 모두 '무관의 제왕'이라는 점입니다. 소크라테스와 공자는 모두 딱히 이렇다 할 만한 직책이 없었습니다. 소크라테스는 시민 신분으로 전쟁에 나간 경험이 있었지만 장군으로 참전한 것은 아니었습니다. 공자는 노나라에서 벼슬을 했지만 그리 길지 않았습니다. 그리고 삼환씨와 권력 다툼에서 패배한 이후에 고향인 노나라를 떠나 14년 동안 여러 나라를 전전합니다. 이 방랑의 시기에는 몰골이 말이 아니었다고 합니다.

하지만 두 사람 모두 죽은 뒤 제자들에 의해 기록됩니다. 그리고 동서양 사상에 절대적인 영향을 미칩니다. 《논어》는 공자가 쓴 것이 아니라, 공자와 주요 제자들의 언행을 그의 제자들이 기록한 책입니다. 어떤 제자가 기록했는지는 정확히 밝혀지지 않았습니다.

가장 중요한 것은 이들의 말과 행동입니다. 그것도 두 사람이 비슷한 점이 많습니다. 소크라테스는 '무지의 지'를 이야기했습니다. 모르는 것은 모른다고 정확하게 깨달아야 한다고 말한 것입니다. 제가 《논어》를 읽으면서 공자도 완전히 같은 말을 하고 있다는 것을 발견하고 소름이 돋았던 경험이 있습니다.

《논어》〈위정〉편에 보면 이런 말이 나옵니다.

知之爲知知, 不知爲不知, 是知也. [지지위지지, 부지위부지, 시지야.]
아는 것을 안다고 하고 모르는 것을 모른다고 하는 것, 이것이 아는 것이다.

소크라테스의 말과 완전히 일치합니다. 놀랍지 않나요? 저는 이렇게 고전을 읽으면서 여러 사상가들이 시공을 초월해서 비슷한 말을 한 것을 발견할 때마다 전율을 느낍니다. 결국 인간이란 무엇인지, 어떻게 살아야 할지에 대한 질문과 답은 동서양이나, 과거와 현재가 크게 다르지 않다는 것을 알 수 있습니다.

공자와 소크라테스는 모르는 것을 모른다고 한 것에 그치지 않았습니다. 혼란한 시기임에도 오로지 자신의 안위만을 지키기 위해 초야에 숨어버리지 않았습니다. 그들은 자신이 아는 것을 그대로 실천하기 위해 부단히 노력했습니다. 소크라테스는 당대에는 다음 끼니를 어떻게 해결해야 할지도 모르는 무능력자로 놀림을 받았습니다. 공자는 제자들과 함께 거지꼴로 이 나라 저 나라를 전전해 '상갓집 개' 같다는 비아냥을 들어야 했죠. 그럼에도 불구하고 그들은 모두 자신의 소명과 이상을 실천하기 위해서 '행동'했습니다.

그들의 사상과 행동하는 모습에 감화된 제자들이 주위를 떠나지 않았다는 점도 두 사상가의 공통점이라고 할 수 있습니다. 공자는 72명의 핵심 제자들뿐 아니라 수천 명에 이르는 제자들에게 직간접적으로 가르침을 주었습니다. 소크라테스의 경우도 동시대 최고의 유명인 중 하나인 알키비아데스를 비롯해 귀족 출신인 플라톤, 실천적 역사가인 크세노폰 등 전도유망한 젊은이들이 그를 우러러보고 따랐습니다.

## 춘추시대와 전국시대

공자가 살던 춘추전국시대는 주나라의 힘이 쇠약해지고, 제후들이 난립하면서 서로 치고받고 싸우던 시기입니다. 주나라가 견융세력의 침략을 받아서 원래 수도였던 호경(서안)에서 낙읍(낙양)으로 동천, 즉 동쪽으로 천도를 하게 됩니다. 이때부터 '동주'라고 합니다.

주나라가 천도한 기원전 770년부터 진시황에 의해서 기원전 221년에 통일되기 전까지를 춘추전국시대라고 합니다. 춘추시대(BC 770~BC 403)는 그중 앞 시대를 이야기합니다. 축구 경기로 치면 전반전이죠. 춘추시대와 전국시대를 나눌 때 춘추시대의 강국 진晉나라가 조나라, 위나라, 한나라 이렇게 3국으로 분열된 시점을 기준으로 잡습니다. 춘추시대가 대략 370년 정도 되고, 전국시대가 약 200년 정도 됩니다.

공자는 춘추시대 노나라 사람입니다. 노나라는 여러 제후국들 중에서도 국력이 약한 편에 속했습니다. 춘추시대에는 제후들 사이에 회맹會盟이라는 것을 했습니다. 회맹은 제후국 중 가장 힘이 센 나라가 주관했습니다. 중원의 질서유지를 위한 모임이라고 할 수 있는데, 실제로는 회맹에서 주 왕실을 명목상 받드는 척하면서 맹주인 제후국의 정당성을 확보하고 외교적인 실리를 취했던 것이죠. 이 회맹의 맹주를 '춘추오패'라고 했습니다. 춘추오패는 제나라의 환공, 진나라의 문공, 초나라의 장왕, 오나라의 합려, 월나라의 구천입니다. 노나라는 춘추오패에 이름을 올리지 못했습니다. 힘이 약한 작은 나라였던 것입니다.

공자는 이 시기를 혼란의 시대라고 보았습니다. 공자의 눈에 춘추시대는 하-은-주로 이어 내려져오던 성인정치의 정통성이 훼손되고, 이익에 따라 제후국들끼리 서로 싸우는 난세였던 것입니다. 제후들이 서로 죽이고 싸우기를 밥 먹듯이 하는 시대에 공자는 주나라의 예를 다시 세우고 인仁을 주장했습니다. 당장 눈앞의 부국강병을 원하던 제후들에게는 뜬구름 잡는 소리였던 것이죠. 공자의 눈에 비친 제후들은 소인배였을 테고, 제후들 눈에 공자는 입만 살아있는 이상주의자로 보였을 것입니다.

저는 공자의 뛰어난 점으로 그의 사상이 시대적으로나 논리적으로 옳다 그르다 하는 것에서 비롯되지 않는 면이라고 생각합니다. 그는 그 시대를 살아가는 다수가 큰 의심 없이 추구하는 가치보다는 자신이 옳다고 생각하는 가치를 일관성 있게 말했습니다. 그리고 그 가치를 실현하기 위해 몸으로 실천했습니다. 바로 이것이 공자의 위대한 점입니다. 그 일관성과 의연함이 사람들의 마음을 움직였던 것이죠.

## 어려움에 처해서도 의연함을 잃지 말라

공자 또한 자기 말이 '씨알'도 먹히지 않는다는 점을 잘 알고 있었습니다. 《논어》의 행간을 읽어보면 그는 자신의 곤궁한 처지를 괴로워하기도 합니다. 그러면서도 먹을 것도 제대로 먹지 못하고 거지꼴로 돌아다니는 처지를 원망하면서 스승을 들이받는 제자를 따끔하게 혼내기도 합니다.

공자가 위衛나라에서 영공靈公과 대화를 나눈 적이 있습니다. 위영공은 전쟁에 관심이 많았는지 진법陣法(전투를 수행하기 위해 진을 치는 방법)에 대해 물었습니다. 공자는 "아직 군사에 관한 일은 배우지 못했다."라고 대답하고 다음 날 위나라를 떠나 진陳나라로 가버립니다. 공자의 관점에서 위영공은 전쟁에만 뜻이 있는 무도한 임금이었던 것이죠. 위영공 입장에서는 공자가 별 쓸모없는 유세가로 보였을 것입니다. 그런데 진나라에 있을 때 공자 일행의 양식이 다 떨어져버립니다. 그래서 따라다니던 제자들이 병들어 일어나지를 못했다는 내용이 《논어》 〈위영공衛靈公〉편에 나옵니다.

이때 공자의 제자 중에서 성격이 급하고 괄괄한 편이었던 자로子

路가 공자에게 물어봅니다.

君子亦有窮乎? [군자역유궁호?]

군자도 곤궁함이 있습니까?

자로가 화가 단단히 났습니다. 고분고분한 태도가 아닙니다. "나는 모든 걸 걸고 당신을 훌륭한 스승이라 믿고 따르는데 이게 뭐냐, 양식도 없어서 거지처럼 굶고 있지 않느냐?"라는 불만 섞인 물음입니다. 공자는 이렇게 대답합니다.

君子固窮, 小人窮斯濫矣. [군자고궁, 소인궁사람의.]

군자도 진실로 곤궁한 때가 있나니, 소인은 곤궁하면 별의별 짓을 다한다.

"군자라도 난세에는 곤궁할 수 있다. 하지만 무릇 군자라면 이런 어려움에 처하더라도 자신의 처지를 원망하거나 후회하지 않고 묵묵히 견뎌야 한다."라고 말합니다. 여기서 '濫넘칠 람'이라는 글자가 나오는데 곤궁한 상황이 되었을 때 평상심을 잃고 넘치는 행동을 한다는 것입니다. 별의별 짓을 다한다는 것이지요. 공자는 힘들다고 툴툴거리는 자로를 점잖게 꾸짖고 있습니다.

이 장면을 보면서 떠오른 책이 있습니다. 빅터 프랭클Viktor Frankl의 《죽음의 수용소에서》입니다. 이 책은 오스트리아 출신 유태계 정신과 의사인 저자가 아우슈비츠 수용소에서 겪은 일을 바탕으로 썼습니다. 빅터 프랭클은 나치에 의해 인간 이하의 취급을 당하는 극한 상황에서의 경험과 깨달음을 전해주고 있습니다. 인상적인 것은 같은 상황에서도 어떤 사람은 인간의 존엄성을 잃지 않고 의연하게 대처하는 반면, 어떤 사람들은 생존에만 목메어 인간성을 상실하고 만다는 것입니다. 마치 짐승처럼 말이죠.

빅터 프랭클은 니체의 말을 빌려 "'왜' 살아야 하는지 아는 사람은 그 '어떤' 상황도 견딜 수 있다."라고 말합니다. 공자가 시련을 대처하는 마음 자세도 이와 같습니다. 자신의 이상을 이루기 위해 어쩔 수 없는 곤란을 견디는 의연함이 바로 공자의 힘입니다. 《논어》라는 텍스트에만 빠지지 말고, 아이들과도 공자의 이런 모습에 대해 이야기를 나눠보세요. 《논어》를 좀 더 의미있게 읽는 방법입니다.

## 《논어》의 구성

《논어》는 1편 〈학이學而〉에서 20편 〈요왈堯曰〉까지 총 20편으로 구성되어 있습니다. 그런데 이 구성이란 게 무척 허술합니다. 공자와 주요 제자들의 말을 후세에 편집한 것인데, 사실 이 편집이 제가 볼 때는 엉망입니다. 제가 만약 편집장이었다면 이런 식으로 편집안을 가지고 온 직원은 가만 두지 않았을 겁니다. 앞에 나온 내용이 중복되기도 하고 편별로 딱히 일관성이 있지도 않습니다.

편의 제목도 별 의미가 없습니다. 그편에서 가장 앞에 있는 글의 첫 두세 글자를 따서 지은 것입니다. 예를 들이 1편 〈학이學而〉편은 처음에 나오는 "學而時習之, 不亦說乎? [학이시습지, 불역열호]"의 앞 두 글자 '학이'를 딴 것이죠.

이런 지식은 그다지 중요한 것은 아니니 바로 원문으로 들어가서 주요 내용을 살펴보도록 하겠습니다.

잘못이 있으면 인정하고 고쳐라

過則勿憚改. [과즉물탄개.]

허물이 있거든 고치는 것을 꺼리지 마라

《논어論語》 〈학이學而〉

공자는 잘못이 있으면 그것을 인정하고 고치는 것을 중요하게 생각했습니다. 누구나 허물이 있을 수 있고 실수를 할 수 있습니다. 그것 자체는 전혀 문제가 되지 않습니다. 하지만 허물을 인정하지 않거나, 실수하고도 반성하지 않는다면 문제가 있습니다. 잘못을 겸허하게 인정하고 고치는 사람은 정말 드물죠.

부모 자식 관계에서 가장 중요한 것이 바로 '허물을 인정하기'입니다. 아이들은 부모의 말과 행동이 일치하지 않을 때 혼란스러워합니다. 엄마 아빠가 자신에게는 "함부로 화를 내지 마라.", "말을 바르게 해라."고 하면서 그 말을 지키지 않는 경우가 있습니다. 부모도 사람이니 실수할 수 있습니다. 문제는 실수를 한 뒤의 행동입니다. 허물이 있다면 내 허물을 인정하고 고치는 것을 꺼리지 말아야 합니다. 만약 아이에게 실수한 것이 있다면 바로 그 사실을 인정하고 사과하고 바로 잡아야 합니다. 그렇게 하지 않고 핑계를 대면 아이도 그대로 따라 합니다. 핑계는 유전됩니다.

> 吳未見能見其過, 而內自訟者也. [오미견능견기과, 이내자송자야.]
>
> 나는 이제껏 자기의 잘못을 발견하고 마음속으로 자기를 꾸짖는 사람을 보지 못했다.
>
> 《논어論語》〈공야장公冶長〉

우리는 흔히 남의 잘못에 대해서는 쉽게 비난합니다. 하지만 자신의 잘못을 그대로 바라보고 인정하기는 쉽지 않습니다. '견기과見其過'는 "그 잘못을 본다."라는 의미입니다. '견見'은 기본적으로 '본다'는 의미인데 조금 더 깊이 생각해보겠습니다. '본다'는 것은 무엇일까요?

우리가 사물이나 어떤 현상을 바라볼 때 정말로 '있는 그대로' 본다고 할 수 있을까요? 누구나 자신만의 세계관과 관점을 바탕으로 세상을 바라보게 마련입니다. 좋게 말하면 '프레임Frame', '관점', '철학'이라고도 할 수 있겠지만, 나쁘게 말하면 '고정관념', '편견', '색안경'

이라고도 할 수 있습니다. 특히 남이 아닌 자신을 바라볼 때는 지극히 주관적이 되기 쉽습니다. 남의 일에 대해서는 무서울 만큼 객관적이고 날카로운 시각으로 바라보다가도 자신을 바라보는 것에는 서툰 것이 보통입니다.

정말 신기한 게 아이들도 가만히 관찰해보면 그렇습니다. 우리집은 식구가 네 명인데 물론 제가 서열 4위입니다. 그나마 강아지를 키우지 않아서 다행이네요. 초등학생인 첫째 아이와 아직 어린이집을 다니는 둘째가 말다툼을 하는 경우가 종종 있습니다. 두 아이가 싸우는 내용을 들어보면 각자 자기 잘못은 잘 보지 못합니다. 상대방의 모습만 가지고 따지고 들어요. 자기 이야기만 하면서 도돌이표가 됩니다.

제가 가만히 지켜보다가 "오빠는 동생을 배려하지 않고 혼자 놀잇감을 손에 쥐고 있었어. 둘째는 오빠가 말하는데 기다려주지 않고 중간에 끼어들고 소리를 질렀어."라는 식으로 이야기를 해줍니다. 아이들은 좀 더 순수해서 그런지 이렇게 객관적으로 이야기를 해주면 수긍이 빠릅니다. 물론 처음에는 인정하기 싫어서 한두 마디 볼멘소리로 항변하지만, 조금 지나면 잘못을 인정하고 서로 사과하고 또 같이 놉니다.

아이들은 자신을 '견見'하는데 방해가 되는 아집이나 자존심이 어른들보다는 적기 때문이 아닐까요? 어른들은 있는 그대로의 나를 보고, 잘못을 인정하는 그 첫걸음부터 떼기가 어렵습니다. 잘못을 인정하는 것을 넘어 자신을 꾸짖는 것은 더 어려운 일이겠지요.

'송訟'자는 '소송한다'고 할 때 쓰는 글자입니다. 시비를 다투는 것이죠. 잘한 것인지, 잘못된 것인지 정확하게 판단하는 것입니다. 여기서는 '꾸짖다, 자책하다'는 뜻으로 쓰였습니다. 꾸짖는다는 것은 잘못을 스스로 부끄러워하고 고쳐나가는 아주 적극적인 행위입니다. 그냥 "아, 내가 좀 잘못했네."라는 정도가 아니라 "아, 내가 정말로 잘못했구나. 이런 점은 꼭 고쳐야겠다."라고 적극적으로 행동을 바꾸는 것이죠. 아는 것이 행동으로 연결되지 않으면 그것은 정확히 아는 것이 아닙니다.

## 인생은 배움이다 배움을 즐겨라

學而時習之, 不亦說乎? [학이시습지, 불역열호?]

배우고 때때로 그것을 익히면 또한 기쁘지 않겠는가?

《논어論語》〈학이學而〉

《논어》를 보면 공자가 배우는 것을 정말 좋아한다는 것을 알 수 있습니다. 《논어》의 시작에서 이렇게 배움의 기쁨에 대해 말하고 있습니다. 《논어》에는 전반적으로 배움에 대한 문제가 계속해서 나옵니다.

學如不及, 猶恐失之. [학여불급, 유공실지.]

배움은 항상 두려워하는 마음을 갖고서, 마치 무엇을 쫓아가는데 따라잡지 못할까 두려워하듯이 해야 한다. 그러고도 도리어 그것을 놓칠까 봐 두려워해야 한다.

《논어論語》〈태백泰伯〉

두려움이라는 감정은 기본적으로 부정적인 감정입니다. 이것은 '생존'이라는 명제와 맞닿아 있습니다. 두려움이 없었다면 아마 인류는 멸종되었을 것입니다. 선사시대에 수많은 맹수들과 투쟁할 때 아무런 두려움 없이 자기 몸을 돌보지 않았다면 모두 죽고 말았을 것입니다. 두려움은 생존본능에서 비롯된 것입니다.

공자는 '恐공'을 강조합니다. 두려워하라는 것입니다. 무엇을 두려워하라는 것일까요? 바로 배움이 없는 삶, 깨달음이 없는 삶, 한 걸음 앞으로 나가지 못하는 삶을 두려워하라는 것입니다. 따라잡지 못할까 봐, 놓칠까 봐 두려워하듯이 배우라고 말합니다. 배움을 멈추는 순간부터 인간은 도태됩니다. 인간에게 배움은 생존의 문제입니다. 배우지 못하는 것은 두려워해야만 하는 것입니다.

여기서 인간의 삶에 대한 근본적인 질문을 떠올릴 수 있습니다. 인간은 도대체 왜 태어나 살아갈까요? 여기 공자의 대답을 한번 들어볼까요?

朝聞道, 夕死可矣. [조문도, 석사가의.]

아침에 인생의 도리를 들어 깨달으면 그날 저녁에 죽는다 해도 좋다.

《논어論語》〈태백泰伯〉

공자의 대답은 아주 명확합니다. 바로 '도道'를 깨닫는 것이 인간 삶의 목적이라는 것입니다. 그렇다면 '도道'란 무엇일까요? '도道'라는 것은 그것을 이야기하는 사람의 수만큼 많은 정의가 있습니다. 서양철학에서 말하는 'Logos'가 '도道'와 얼추 비슷한 개념입니다. Logos는 절대적인 진리입니다. 자연의 법칙, 이성의 법칙이라고 할 수 있습니다. 여러분 나름의 정의를 내려보면 어떨까요? 저는 이 '도道'를 '인간을 인간으로 살아가게 해주는 길'이라고 정의합니다.

각자가 정의하는 '도道'가 무엇이든 "도를 깨우쳤다."라는 경지에 이르려면 열심히 배우는 수밖에 없습니다. 그 방식 또한 지구상의 사람의 수만큼 많을 것입니다. 책을 보는 것, 스승을 찾아가 배우는 것, 10년 묵언 수행을 하는 것 등 많은 방법이 있습니다. 방법은 중요한 것이 아닙니다. 중요한 것은 '도道'를 추구하는 삶을 살아가는 과정입니다.

이런 관점에서 보면 공자가 말한 두려움은 아주 장엄한 두려움입니다. 인간을 인간이라고 할 수 있게 하는 찬란한 두려움입니다. 우리에게는 일종의 과제라고도 할 수 있습니다. 하지만 이것을 과제라고 생각지 말고, 그 과정 자체를 즐기는 것이 인생을 제대로 살아가는 것입니다.

知之者, 不如好之者, 好之者, 不如樂之者. [지지자, 불여호지자, 호지자, 불여락지자.]

(배움의) 유익함을 아는 사람은 더 나아가 그것을 좋아하는 사람보다는 못하고, 좋아만 하는 사람은 더 나아가 그것을 즐기는 사람보다는 못하다.

《논어論語》 〈옹야雍也〉

공자 또한 즐기라고 말합니다. 너무 심각하게 의무적으로 배우려고 하지 말라는 것입니다. 그것 자체를 즐기라는 것이죠. 공부를 즐기라고 하니까 조금 거부감이 듭니다. 왜 그럴까요? 우리가 그동안 배움을 즐기지 못했기 때문입니다. 즐기는 방식으로 배운 것이 아니라 하고 싶은 것을 뒤로 미루면서 꼭 해야 하니까 공부했습니다. 손바닥과 종아리를 맞아가며 성적에만, 입시에만 목숨 걸면서 공부를 했으니 재미있을 리가 없습니다.

그러니 대학교 1학년이 되면 고삐 풀린 망아지처럼 놉니다. 요즘은 어떤지 모르겠지만 제가 대학에 다닐 때만 해도 벌건 대낮에 한 손에 소주병을 들고 다니는 선배들을 마주치는 것이 낯설지 않았습니다. 날씨 좋은 날에는 밤새 술을 마시면서 벤치를 뜯어 불태우는 걸 보고 기겁을 한 적도 있습니다. 대학의 낭만이라고 할 수도 있지만, 목표를 잃고 방황하는 모습으로 보이기도 합니다.

공부는 원래 즐거운 것입니다. 《칼 비테의 인문고전 독서 교육》에서도 소개한 바가 있는 독일의 칼 비테 목사는 저능아로 태어난 아들을 당대 최고의 천재로 키워냈습니다. 칼 비테의 아들은 3세에 모국어인 독일어를 완벽하게 구사했고, 꾸준한 언어 공부를 통해 9세에 라틴어를 비롯한 프랑스어, 이탈리아어 등 6개 국어를 정복했습니다. 그리고 10세에는 라이프치히 대학교에 입학했고, 13세에는 기센 대학교에서 철학 박사 학위를 받았죠. 그의 교육법은 아이의 '흥미'에 초점이 맞춰져 있었습니다. 호기심을 자극해 스스로 인문고전 독서를 할 수 있게 이끌었던 것이죠. 주니어 칼비테는 항상 스스로 공부했고 《공부의 즐거움》이라는 책을 쓰기도 했습니다.

## 《논어》는 최고의 자기계발서

하루는 염구冉求라는 제자가 공자에게 "선생님의 도를 좋아하지 않는 것은 아니지만, 제가 힘이 좀 부족합니다."라고 말합니다. 이 말에 대한 공자의 대답입니다.

> 力不足者, 中道而廢, 今女畫. [역부족자, 중도이폐, 금녀획.]
>
> 힘이 부족한 사람은 전진하다가 중도에서 정지한다. 지금 네가 힘이 부족하다고 하는 것은 자기 앞에 하나의 한계선을 그어놓고 자기가 더 전

진하지 못하도록 한정하는 것과 같다.

《논어論語》〈옹야雍也〉

수많은 자기계발서를 보면 결국 인간의 의식 문제를 강조합니다. 우리가 어떤 일을 해내느냐, 그렇지 못하느냐 하는 것은 내 의식의 한계가 어디에 있느냐에 달려 있습니다. 완전히 물리적으로 불가능하거나 신체적인 한계로 어떻게 할 수 없는 경우가 아니라면, 한 사람이 노력해서 이루어낸 일은 다른 누군가도 할 수 있습니다. 나를 한계 짓는 그 의식이 그것을 이루지 못하게 할 뿐입니다.

공자의 어마어마한 학문적 깊이와 지식에 압도당한 제자가 "저는 선생님만큼 못 하겠습니다. 저는 힘이 부족합니다."라고 우는 소리를 하니 공자는 "네가 스스로 한계선을 그은 것이다. 못 하는 것이 아니라 안 하는 것이다."라고 이야기합니다. 이런 문장을 한번 아이들과 필사하고 소리내어 읽어보세요. 그리고 생각을 나누어보세요. 자기계발서 100권을 읽히는 것보다 훨씬 낫습니다.

3-3

# 눈에 보이지 않는 중요한 가치

《어린 왕자》

첫 책을 쓰고 나서 주변의 많은 분들이 저에게 아이와 함께 읽을 만한 고전을 추천해달라고 합니다. 그런데 막상《어린 왕자》를 추천해드리면 반응이 "아, 예~."라고 하는 정도입니다. '고작 어린 왕자냐?'라면서 조금은 원망스런 눈길을 보내는 게 느껴지기도 합니다.《어린 왕자》는 어릴 때부터 다양한 버전으로 접하는 책입니다. 내용도 여기저기서 인용되고 있기 때문에 "내가《어린 왕자》정도는 잘 알고 있지." 라고 착각하기 쉬운 책입니다.

그런데 정작 이 책 속에 있는 핵심적인 내용을 잘 알고 있는 사람은 많지 않습니다. 쉽게 읽히기는 하지만 한 문장 한 문장 속에 들어있는 무게는 만만치 않습니다.

이 책의 저자 생텍쥐페리는 1944년 7월 비행 중 실종되었습니다.《어린 왕자》는 그 1년 전인 1943년에 출간되었습니다. 먼저 생텍쥐페리에 대해서 간단히 살펴보고 책 속으로 들어가 볼까요?

## 역사의 현장에서 행동하는 작가, 생텍쥐페리

《어린 왕자》의 저자이기 때문일까요? '생텍쥐페리'라는 작가에 대해서는 '순수하다', '감성적이다', 혹은 '부드럽다'와 같은 이미지가 강합니다. 물론 그의 대표적인 작품인 《어린 왕자》에서 볼 수 있듯이 분명히 그런 면이 있죠. 하지만 그가 44년간 살아간 삶의 족적을 따라가 보면 생각보다 '터프'하다는 것을 알 수 있습니다.

생텍쥐페리는 비행기 조종사와 작가 두 가지의 정체성을 갖고 있습니다. 그는 1912년에 앙베리외 비행장에서 처음 비행 경험을 합니다. 초등학교 6학년 나이에 처음 비행기를 타고 하늘을 날아본 것입니다. 그때의 강렬한 경험이 그를 조종사의 세계로 이끌어간 것이 아닐까 하는 생각이 듭니다. 이후 그는 죽는 순간까지 공군과 민간항공사 등에서 꾸준히 비행을 했습니다. 사실 비행기 조종사로서 실력을 그렇게 인정받지는 못했어요. "다소 산만하다.", "착륙이 미숙하다."라는 것이 그에 대한 평가였습니다.

마지막 비행까지 합쳐서 생텍쥐페리는 4번의 추락을 경험합니다. 말 그대로 비행기가 추락한 것이죠. 1923년 첫 추락 때는 두개골 골

절상을 입습니다. 그리고 그해 연인이었던 작가 루이즈 드 빌모랭과 파혼을 합니다. 그녀의 가족들이 위험한 비행을 하던 생텍쥐페리를 탐탁지 않게 생각했다고 합니다. 두 번째는 1935년, 파리와 사이공 노선의 비행시간 기록 갱신에 도전했다가 리비아 사막에 추락합니다. 이때 그는 정비사와 함께 물과 식량도 없이 사막을 4일간 헤매다가 죽을 뻔한 경험을 합니다. 다행히 사막을 지나던 베두인 유목민들을 만나 목숨을 건졌죠. 이때의 경험이 《어린 왕자》에 녹아 있습니다. 사막에서 불시착한 주인공이 불쑥 나타난 금발의 어린 왕자를 만나는 장면에서 리비아 사막의 풍경이 그려집니다.

마지막 추락은 그의 실종, 죽음과 연결되어 있습니다. 1944년 7월 31일이 생텍쥐페리의 지상에서의 마지막 날이었습니다. 이때는 2차 세계 대전의 막바지였습니다. 생텍쥐페리는 조국 프랑스를 위해 미국에서의 망명 아닌 망명 생활을 정리하고, 미군의 지휘를 받는 프랑스의 비행중대에 들어갔습니다. 그는 이미 유명한 작가였고 조종사치고는 나이가 많은 편이었습니다. 주위 사람들은 그의 비행을 만류했죠. 하지만 그는 자유롭게 비행하는 것, 조국에 헌신하는 것을 포기하지 않았습니다.

그날은 굉장히 날씨가 좋았다고 해요. 그는 정찰비행을 위해 프로방스 해변으로 날아갔습니다. 날씨가 워낙 좋아서 적의 눈에 잘 띄었던 것 같아요. 독일군의 공격에 생텍쥐페리의 비행기는 격추되고 맙니다. 이때 그는 예정된 항로를 벗어나 날았습니다. 비행기가 항로를 벗어나면 어떻게 되죠? 격추의 위험도 크고 연료 문제도 생깁니다. 조종사로서는 해서는 안 되는 행동이죠. 그런데 그는 왜 이렇게 위험한 행동을 했을까요? 바로 며칠 전에도 항로를 이탈해 경고를 받았던 나이 든 조종사는 어떤 생각으로 돌발행동을 했던 것일까요?

> 사막이 아름다운 것은 그곳 어딘가에 샘을 감추고 있기 때문이야….
> 만약 내게 53분이 주어진다면 난 샘이 있는 곳을 향해 천천히 걸어갈 텐데.

《어린 왕자》에 보면 어린 왕자가 이렇게 말하는 장면이 나옵니다. 생텍쥐페리에게는 사막 같은 이 세상에서 자신이 사랑하는 고향이 샘과 같은 존재가 아니었을까요?

당시 생텍쥐페리는 실종 처리되었습니다. 그리고 1998년, 마르세유에서 어부들의 그물에서 그의 팔찌가 발견됩니다. 그 팔찌에는 그의 아내이자《어린 왕자》에서 까다로운 성미의 '장미꽃'으로 나오는 '콘수엘로'의 이름이 새겨져 있었습니다. 2008년에는 독일의 공군 조종사였던 호르스트 리페르트가 한 방송에서 자신이 생텍쥐페리의 비행기를 격추했다고 밝힙니다. 그는 생텍쥐페리의 팬이었다고 합니다. 인터뷰에서 그가 한 "나는 제발 그가 아니길 바랐다. 우리 시대의 모든 젊은이들이 그러했듯이 나도 그의 책에 빠져 있었기 때문이다."라는 말에서 전쟁의 참혹함과 허망함이 느껴집니다. 존경하던 작가를 죽음에 이르게 했던 그의 심정은 어땠을까요?

생텍쥐페리는 2차 세계 대전 당시 프랑스인들의 단결을 호소했습니다. 전투기 조종 불가 판정을 받았음에도 조국을 위해 공군에서 정찰 임무에 자원하기도 했습니다. 스페인, 러시아 등에 특파원으로 파견되어 당시 정치적인 격변을 경험하기도 했죠. 생텍쥐페리는 어린 왕자의 순수한 눈으로 세상을 바라봤습니다. 그리고 동시에 역사의 현장에서 행동하는 살아있는 작가였습니다. '작가/군인-조종사, 어린 왕자/역사의 격변' 이렇게 양립할 수 없을 것 같은 단어들이 생텍쥐페리 속에 공존하고 있습니다.

이제《어린 왕자》의 주요 장면을 함께 보면서 아이들과 어떤 생각을 나눌 수 있는지 살펴보겠습니다.

## 중요한 것을 알려면 어떤 질문이 필요할까?

"아빠, 오늘 학교에서 친구랑 오목놀이 했는데 재미있었어요."
"응, 그 친구는 어느 아파트 살아?"
"잘 모르겠는데요."
"아, 아니다 그 친구는 오목 놀이하는 것 말고 어떤 걸 좋아해?"

아이의 친구들에 대해 알고 싶을 때 보통 어떤 질문을 던지나요? 대개 습관적으로 친구가 어디에 사는지 먼저 물어봅니다. 구체적으로는 어느 아파트에 사는지가 궁금한 것이죠. 어느 아파트 단지에 사는지를 알면 대략 부모의 경제 수준이 나옵니다. 혹은 부모님이 어떤 일을 하는지, 맞벌이인지 아닌지, 어떤 차를 타고 다니는지 따위를 물어보는 경우가 많습니다. 저도 별 생각 없이 아이에게 물을 때는 그런 질문을 하곤 합니다.

《어린 왕자》에서 생텍쥐페리는 그런 질문으로는 어떤 사람에 대해 알 수 없다고 말합니다. '몇 살인지, 형제는 몇 명인지, 아버지의 수입이 얼마인지'와 같이 숫자로 답을 얻을 수 있는 질문은 본질을 이야기해주지 않습니다. 정말로 중요한 것을 물어봐야 합니다. 그런데 어른들은 수치로 환산되는 것에 관심을 많이 가집니다. 바로바로 계산해서 알 수 있고, 빨리 판단할 수 있기 때문이죠. 하지만 정작 중요한 것은 그런 숫자에 있지 않습니다.

기업의 인사담당자가 사람을 채용하거나 인사 정보를 검토할 때 어쩔 수 없이 그 사람의 학력, 사는 곳, 근무 경험 등 숫자나 배경에 대해 볼 수밖에 없습니다. 빠른 판단을 위해서죠. 이런 것은 '효율적으로' 사람을 구분 지을 수 있을지는 몰라도 정작 그 사람의 진면목을 보는 데는 오히려 방해가 될 수 있습니다.

정말로 중요한 것은 숫자로 표현되지 않는 그 사람만의 그 '무엇'

입니다. 20세기를 살았던 소설가 중에서 '프란츠 카프카'가 있습니다. 이 사람의 소설을 보면 뭔가 그 작가만의 분위기가 있습니다. 개성 있는 소설가나 천재들이 굉장히 많지만, 카프카는 '카프카적인kafkaesque' 이라는 말이 만들어져 사전에 등재될 정도로 자기 나름의 독특한 세계를 구축했습니다. 그의 단편 소설《변신》이나《선고》같은 작품을 보면 정말 특이합니다. 꼭 한번 읽어보세요.

《어린 왕자》를 펼치면 앞부분에 굉장히 유명한 그림을 볼 수 있습니다. 큰 모자처럼 생긴 그림이에요. 바로 코끼리를 삼킨 뒤에 소화시키고 있는 보아뱀을 그린 것입니다. 그런데 어른들은 대부분 그 그림을 모자로 봅니다.

제가 둘째 아이에게 이 그림을 보여주면서 뭐 같은지 물어본 적이 있습니다. 신기하게도 '뱀'이라고 대답을 하는 거예요. 깜짝 놀라서 왜 이게 뱀이냐고 물어보자 "눈이 있잖아."라고 대답을 했습니다.

정말 그렇습니다. 가만히 살펴보면 모자 같아 보이는 이 그림에는 조금 이상한 점이 있습니다. 오른쪽 모자챙처럼 보이는 부분에 작은 점이 있습니다. 조금만 관찰해보면 발견할 수 있습니다. 그런데 우리는 왜 대부분 이 그림을 모자라고 '판단'해버릴까요?

## 중요한 것을 보려면 판단중지의 여유, 멈춤이 필요하다

《어린 왕자》에서 가장 감동적인 장면 중의 하나는 어린 왕자와 여우가 만나 대화하는 장면입니다. 그 장면에서 여우는 '길들임'에 대해 이야기합니다. 길들임에는 무엇이 필요할까요? 길들임의 핵심은 시간입니다. 상대를 위해 얼마나 많은 시간을 들이느냐, 얼마나 정성을 들이느냐에 따라 길들임의 정도가 결정됩니다.

우리가 어떤 대상이나 사건, 사람을 만났을 때도 공을 들이는 시간이 필요합니다. 앞에서 말한 코끼리를 삼킨 보아뱀의 그림도 조금만 공을 들여 관찰하면 모자와는 다른 특징을 발견할 수 있습니다. 그런데 왜 대부분의 사람들은 그 특징을 발견하지 못할까요? 점이 작아서? 뱀의 눈 색깔이 몸통 색깔과 너무 비슷해서? 저는 그보다는 우리가 마주하는 대상에 대해 공을 들이고 시간을 내주는 연습이 덜 되어 있기 때문이라고 생각합니다.

정말 중요한 것을 보려면 판단을 중지하고 '있는 그대로 천천히' 보아야 합니다. 우리가 뱀을 모자로 보는 이유는 대체적인 특징만 보고 그것을 뱀이라고 '판단'해버리기 때문입니다. 혹시 우리의 삶 속에서도 그런 오류를 범하고 있는 것은 아닐까요? 중요한 것, 본질을 보려면 판단중지의 여유와 멈춤이 필요합니다. 대상을 내가 가진 편견이나 잣대로 결론 내려버리지 말고 어린 아이의 순수한 눈으로 온 힘을 다해 살펴봐야 합니다.

제가 어느 날 잠에서 깨어 옆에서 자고 있는 아이를 보면서 혼자 감동을 한 적이 있습니다. 제 아이를 세상에서 처음 보는 것처럼 바라보았거든요. '이 아이가 내 아이다.', '올해는 몇 살이다.', '오늘은 주말인데 뭘 하면서 같이 시간을 보낼까?'라는 생각을 일체 하지 않고 그저 바라보았습니다. 보는 것에만 집중한 것이죠. 그렇게 한참을 보고 있는데 벅찬 감동이 밀려오는 경험을 했습니다. 존재를 있는 그대로 바라보는 것이 감동적일 수 있다는 것을 깨달은 순간이었습니다.

어떤가요? 이런 식으로 생각을 확장해가면서 읽어보니《어린 왕자》가 좀 다르게 읽히지 않나요? 고전 중에서도 특히 소설을 읽을 때는 스토리에만 매몰되지 않아야 합니다. 재미있는 사건, 스토리도 중요하지만 작가가 그 속에서 이야기하려고 한 핵심적인 메시지를 깊게 생각하는 시간을 가져보세요.

## 상상력의 크기가 그 사람의 크기다

또 재미있는 이런 장면이 나옵니다. 갑자기 나타나 "양 한 마리만 좀 그려달라."는 어린 왕자의 부탁에 주인공이 양을 그려줍니다. 그런데 번번이 퇴짜를 맞죠. '병들었다', '뿔이 있다', '늙었다'라는 이유로 말입니다. 남자는 몇 번을 그렇게 양을 그리다가 그냥 상자 하나를 그려주고 그 속에 양이 있다고 말합니다. 그러자 어린 왕자의 표정이 환해집니다. 정말로 그 상자 안에 양이 있다고 믿는 것이죠.

어린 왕자가 상자에 양이 있다고 상상함으로써 '가능성'에 불과한 것이 '현실'이 됩니다. 상자가 그냥 상자가 아닌 소중한 '양'이 들어있는 상자가 됩니다. 어린 왕자는 아무런 의심 없이 상자 안에 양이 있다고 생각합니다. 자기 행성을 파괴할지도 모르는 바오밥나무를 먹어치울 수 있는 든든한 양이지요.

어린 왕자가 지구에 대해 "참 이상한 별이군. 메마르고 뾰족뾰족하고 험하고, 게다가 사람들은 상상력도 없이 남이 하는 말만 되풀이하고…."라고 말하는 장면이 나옵니다.

여기서 "남이 하는 말만 되풀이한다."라는 말은 어떤 의미일까요? '어떤 대상을 남이 나에게 보라고 주입한 방식으로만 본다.' '내 생각 없이 남이 생각하고 말하는 것을 따라서 되풀이 한다.'라는 의미가 아닐까 생각합니다. 자신만의 생각과 상상력이 없다는 것이죠.

아인슈타인은 상상력과 깊은 사고실험만으로 빛에 대한 연구를 시작했습니다. 빛에 속도가 있다는 생각을 어떻게 할 수 있었을까요? 빛은 그냥 존재하는 것이지 이게 속도를 갖고 있다는 걸 요즘 같아도 상상하기 힘든 일입니다. 그는 거기에 더해 빛의 속도로 여행하는 쌍둥이처럼 일반 사람들은 생각하기 어려운 상황을 가정하고 사고실험을 했습니다.

상상력이 없는 삶은 죽어가는 삶입니다. 우리가 스스로를 '늙었다'고 생각할 때는 언제인가요? 인간은 보이는 것만 볼 때 죽어갑니다. 보이지 않는 것을 상상하고 가슴 설레는 능력이 있다면, 어린 왕자처럼 지구를 여행하는 마음으로 살아갈 수 있지 않을까요? 눈앞에 보이는 것만 보고, 심지어 보는 것에서 그 어떤 감동도 느끼지 못한다면 그것은 죽어가는 삶이 아닐까 생각합니다

아이들은 매년 봄에 솟아오르는 새싹을 보고 감탄합니다. 같은 모양의 눈꽃 송이가 하나도 없다는 사실을 알려주면 입을 떡 벌리고 신기해합니다. 하늘 위에서 바라본 구름에 비친 햇빛을 넋 놓고 바라봅니다. 상상력과 감탄하는 능력을 잃어버리면서 인간은 서서히 죽어갑니다.

## 사랑은 갑자기 나타난다

어린 왕자의 별에는 조금 특별한 장미꽃이 있었습니다. 어느 날 어디서 갑자기 날아온 씨앗이 싹을 틔운 것입니다. 처음에 어린 왕자는 바오밥나무일지도 모른다는 의심하면서 지켜보기로 했죠. 이 부분도 재미있습니다. 바오밥나무를 제때 잘라주지 않으면 어린 왕자가 지내는 소행성은 부서져버릴 수도 있습니다. 우리 마음속에도 잘못된 감정의 싹이 커져버리면 마음이 산산조각이 날 수도 있습니다. 잘 지켜봐

야 하겠죠. 그 마음이 이기적인 욕망에서 비롯된 것인지 판단을 해봐야 합니다. 바오밥나무인지, 장미인지 잘 지켜봐야 합니다.

싹은 자라서 작은 나무가 되고 드디어 꽃을 피웠습니다. 그런데 이 꽃이 정말 아름다웠어요. 어린 왕자는 아름답다고 감탄합니다. 그리고 그 꽃을 사랑하게 됩니다. 하지만 한편으로는 이 꽃이 꽤 까다롭고 겸손하지 않다는 것도 알게 되죠. "물을 달라.", "바람막이를 가져다달라."고 전혀 미안한 기색도 없이 요구합니다. 뻔뻔해서 마음에 들지는 않는데 사랑하니 뭐라고 할 수도 없습니다.

어린 왕자는 의도치 않게 갑자기 집사가 되어 꽃의 시중을 들기 시작합니다. 꽃은 허영심으로 어린 왕자를 괴롭히고, 거짓말을 하기도 합니다. 거짓말을 들키면 큰소리로 기침을 해대면서 바람막이를 가져다달라고 동정심을 유발하는 지능적인 면도 보여주는 밀당의 고수였습니다.

어린 왕자는 꽃에게 호감이 있긴 했지만 한편으로는 의심을 합니다. 꽃의 말만 듣고 있으면 진실하지 않다는 느낌을 받습니다. 장미꽃의 의미 없는 한마디 말에도 상처를 받기 시작하죠. 장미와 어린 왕자의 모습을 보면 마치 처음 연애할 때 모습 같습니다. 상대의 의도를 명확하게 알지 못해 사소한 말에 상처받고 의심하는 그런 모습 말이죠.

제대로 사랑하기에는 미숙한 시기에 이렇게 사랑은 갑자기 우리 삶에 나타납니다. 우리가 준비가 되어 있든 말든 상관없습니다. 자, 이런 사랑의 결말은 어떻게 될까요? 헤어집니다. 어린 왕자는 장미를 남겨두고 자신의 소행성을 떠나기로 결심합니다.

이 둘이 헤어지는 장면이 아주 인상적입니다. 갑자기 꽃이 조용하고 부드러운 어조로 말을 합니다. 왜 그랬을까요? 더 이상 어린 왕자를 잡을 수 없다는 것을 알았기 때문입니다. 관심을 끄는 어떤 행동도 무의미하다는 것을 알기에 굳이 기침을 하거나 응석을 부리지 않은 것입니다.

유리 덮개는 내려놔. 이젠 필요 없어.

그렇게 집착하던 바람막이용 유리 덮개도 필요 없다고 합니다. 유리 덮개는 어떤 의미였을까요? 장미꽃은 굳이 바람을 막을 필요가 없었습니다. 어린 왕자에게 유리 덮개를 덮어달라고 하면서, 자신을 보호해달라고 하면서 사랑을 '확인'해왔던 것입니다. 그것이 어린 왕자를 길들여가는 과정이었는지도 모릅니다. 이 길들임의 방식에 대해 상대의 동의를 구하지 않았던 것이, 상대를 의심하게 만든 것이 장미꽃의 실수였겠지요.

이 장미꽃은 생텍쥐페리의 아내 콘수엘로라고 볼 수 있습니다. 생텍쥐페리와 콘수엘로의 결혼생활은 그렇게 안정적이지 않았습니다.

유명작가였던 생텍쥐페리 곁에는 항상 많은 여성들이 있었죠. 어린 왕자가 지구에서 와서 마주치는 정원의 수천 송이 장미처럼 말이죠. 생텍쥐페리는 아내와 별거했다가 다시 만나고, 또 다시 별거하기를 반복했습니다. 하지만 그 둘은 서로를 사랑했습니다.

소행성을 떠나는 어린 왕자에게 장미는 사랑을 고백합니다. 훗날 어린 왕자도 꽃의 말이 아닌 행동을 보고 허영심 뒤에 가려진 따뜻한 마음을 보지 못한 것을 후회합니다. 마지막 순간 생텍쥐페리가 아내의 이름이 새겨진 팔찌를 차고 있었다는 점을 봐도 그가 아내를 진심으로 사랑했다는 것을 알 수 있습니다.

## 어린 왕자의 눈으로 본 어른들의 세계

어린 왕자는 고향 행성을 떠나 6개의 소행성을 여행하고 7번째로 지구에 도착합니다. 6개의 소행성에서 한 사람씩 만나는데 이 인물들이 참 재미있습니다. 저는 생텍쥐페리가 어린 왕자의 눈으로 어른들의 세계를 풍자하고 있는 것으로 읽었습니다. 이 부분을 아이들과 함께 읽어보면서 생각을 물어보면 재미있습니다.

첫 번째 별에는 권위를 상징하는 왕이 있습니다. 왕은 남들이 자신의 권위를 존중해주기를 바랍니다. 우리 어른들의 모습과 닮지 않았나요? 어른들은 사회적인 지위나 명함의 권위에 의존해서 존중받기를 바랍니다. 아이들은 계급장 떼고(?) 있는 그대로의 자신을 드러내면서 만나 웃고 떠들지만 어른들은 나이, 회사에서의 직위, 출신 등을 따지고 그 한계 안에서 자신과 상대방을 규정지으려고 하죠.

어린 왕자가 두 번째로 방문하는 별에는 허영심을 상징하는 모자 쓴 남자가 있습니다. 그는 칭찬에 굶주려 있습니다. 인간의 가장 근원적인 욕구 중 하나가 인정욕구입니다. 인정욕구는 굉장히 강한 욕구입니다. 욕구라기보다 욕망에 가깝습니다. 욕구는 필요한 수준을 어느 정도 채우면 끝나는 것입니다. 예를 들어 배가 고플 때 밥을 먹고 "아~ 배부르다."라고 끝나는 것이 욕구죠. 건강한 수준의 식욕입니다. 그런데 욕망은 끝이 없습니다. 탐욕에 가까운 것이죠. 배를 채우기 위한 식욕 수준이 아니라 주체할 수 없이 폭식을 하는 것이 욕망입니다.

건강하지 않은 인정욕구는 욕망과 결이 비슷합니다. 인정욕구는 끝이 없습니다. 인간이 돈이나 명예, 권력을 추구하는 근본적인 이유는 인정받고 싶어서입니다. 그래서 어지간해서는 멈추기 어렵습니다. 생텍쥐페리는 어린 왕자의 입을 빌려 이런 인간의 모습을 "어른들이란 정말 이상하군."이라는 말로 정리합니다.

어린 왕자가 그 다음에 방문하는 별에서 술에 중독된 술꾼, 자신은 정말 중요한 일을 하고 있다고 착각하고 있는 사업가, 서재 안에서 지도를 그리는 지리학자 등을 만납니다. 어린 왕자의 눈에는 무언가 조금씩 이상한 면을 갖고 있는 어른들의 모습입니다.

어린 왕자는 이렇게 방문하는 별들에서 만난 사람들 중 가로등 켜는 사람이 가장 의미 있는 일을 하는 것 같다고 말합니다. 그 이유가 자기 자신이 아닌 다른 일에 열중하기 때문이라고 합니다. 저는 처음에 이 부분이 잘 이해되지 않았어요. 가로등을 켜고 끄는 사람은 얼핏 보면 굉장히 수동적입니다. '명령'이기 때문에 가로등을 끄고 켜고를 반복합니다. 군말 없이 지시만 잘 따르는 마치 기계 같은 사람입니다.

심지어 별이 해마다 점점 빨리 돌아서 밤낮이 1분에 한 번씩 찾아오는데도 말입니다. 명령의 부당함에 대해 불만을 표시하면서 태업을 할 수 있는데도 그저 묵묵히 자기 일을 합니다. 그가 가장 하고 싶은 것은 좀 쉬고, 잠을 자는 것이라고 합니다. 그러면서도 주어진 일을 수행합니다. 저는 작가가 왜 가로등 켜는 사람을 의미 있다고 평가를 했는지 처음에는 잘 이해하지 못했습니다.

그런데 생텍쥐페리의 다른 작품 《야간비행》을 읽고 나서야 그의 생각을 이해할 수가 있었습니다. 《야간비행》에는 리비에르라는 인물이 나옵니다. 남아메리카의 우편물들을 부에노스아이레스에 모아서 유럽으로 보내는 항공우편 업무를 총괄하는 사람이지요. 항공우편 사업이 시작된 초기에 항공우편은 속도나 양적인 면에서 기차에 비해 경쟁력이 약했습니다.

그래서 리비에르는 아무도 시도하지 않은 일을 시작합니다. 바로 '야간비행'이죠. 당시 작은 복엽기로 야간에 비행한다는 것은 굉장히 위험한 일이었습니다. 많은 사람이 반대했죠. 하지만 리비에르는 그 일을 강행합니다. 그리고 새로운 항로를 개척해내고 그 일이 제대로 돌아갈 수 있도록 회사를 아주 엄격한 규칙으로 운영합니다.

그러다가 거대한 폭풍우 때문에 파타고니아 항로의 비행사에게 문제가 생깁니다. 연료는 거의 떨어져가고 비행사와 부조종사는 위기에 처하죠. 모두가, 심지어 함께 일하는 직원들조차 이제 리비에르의 의지가 꺾일 것이라고 기대(?)합니다. 하지만 그는 의연합니다. 사고가 난 것과는 별개로 남아메리카의 우편물을 유럽으로 실어 나르는 비행을 명령합니다.

《좁은 문》, 《지상의 양식》으로 유명한 프랑스 소설가 앙드레 지드는 이 소설의 서문에서 "인간의 행복은 자유 속에 있지 않고 의무를 받아들이는 데 있음을 밝혀준 작가에게 고마움을 느낀다."라고 말했습니다. 소설의 주인공 리비에르는 강한 의지로 자신의 의무를 다하는 자기 초월적인 인물입니다. 생텍쥐페리는 허영이나 인정욕구, 권위 등 자기 자신의  일에만 갇혀 있는 어른들의 모습에 높은 점수를 주지 않았습니다. 그보다 자신의 의무를 받아들이고 그것을 위해 자기를 이겨나가는 모습에 더 큰 가치를 두었습니다.

## 이 세상에 단 하나뿐인 '너'로 가는 길_ 길들임의 시간, 책임감

장미꽃과 좋지 않은 일로 자신의 별을 떠났던 어린 왕자는 지구에 와서 새로운 친구를 만납니다. 바로 여우입니다. 이 여우가 그에게 관계에 대한 깨달음을 줍니다. 여우는 관계를 만드는 것이 바로 '길들임'이라고 합니다.

> 넌 나에게 아직은 다른 수많은 소년들과 다를 바 없는 사람이야. 그래서 난 네가 필요하지 않아. 나 또한 너에겐 평범한 한 마리 여우일 뿐이지. 하지만 네가 나를 길들인다면 우리는 서로 필요하게 되는 거야. 너는 나에게 이 세상에 단 하나뿐인 존재가 되는 거고, 나도 너에게 세상에 하나뿐인 유일한 존재가 되는 거야….

우리 주변의 사람들을 생각해볼까요? 어떤 사람들이 지금 나와 관계 맺고 있나요? 물론 일 때문에, 같은 아파트에 살고 있기 때문에, 아이들이 같은 유치원에 다니고 있어서 관계를 맺고 있는 경우도 있습니다. 그렇지만 나와 친밀한 관계를 맺고 있는 사람들은 대부분 나와의 '길들임의 시간'이 있습니다. 부모, 형제, 자녀는 말할 것도 없고, 친한 친구들을 생각해보면 그들과 나 사이에 분명히 길들임의 경험이 있습니다.

길들임은 남과 다름없는 ‘그들They’을 세상에 유일한 존재인 ‘너You’로 전환하는 과정입니다. 길들이는 과정을 통해 상대를 온전히 이해하고 받아들일 수 있습니다. 그렇다면 이 길들임의 핵심적인 요소는 무엇일까요?

> 인내심이 있어야 해. 처음에는 내게서 조금 떨어진 이 풀밭에 앉아 있어. 그러면 나는 너를 곁눈질로 가끔씩 쳐다볼 거야. (중략) 그리고 넌 날마다 조금씩 더 가까이 앉으면 돼….

길들임에는 인내심이 있어야 합니다. 속도 조절, 거리 조절, 강약 조절이 있어야 하는 것이죠. 자연스러워져야 합니다. 내 삶에, 내 일상에 자연스럽게 관계가 스며들어야 합니다. 부부나 정말 친한 친구 사이에는 문자 메시지에서 쓰는 문장 부호 하나에도 이 사람이 어떤 감정 상태인지 파악이 됩니다.

서로 길들이면 의미가 생깁니다. 상대의 존재 자체가 나에게 의미가 되는 것입니다. ‘여러 사람 중 하나’가 아니라 ‘나에게 의미 있는 누군가’가 되는 것이죠. 저에게는 아이가 둘 있는데 이 아이들과 함께하면서 새로운 세상이 열리는 기분입니다. 두 아이를 만나면서 이 세상은 두 가지의 큰 의미가 더 생기게 되었습니다. 길들임, 공을 들인 그 시간은 의미를 더 깊게 해줍니다.

너는 네가 길들인 것에 대해 언제까지나 책임이 있는 거야.

의미 있는 관계가 되었을 때 필요한 것은 무엇일까요? 바로 책임감입니다. 관계는 자칫 잘못하면 계산적이 되기 쉽습니다. 관계를 맺는 방식에 대해서 제대로 배우지 못하고, 긍정적인 경험이 쌓이지 않았을 때 그러기 쉽습니다. 특히 우리나라처럼 경쟁적인 사회에서는 아이들이 자라면서 인간관계를 계산적으로 생각하기 쉽습니다. 책임 있는 관계를 맺을 수 있을 때 아이들이 건강하게 자랄 수 있지 않을까요?

가장 중요한 것은 눈에 보이지 않습니다. 가장 중요한 것은 무엇일까요? 사람들과의 좋은 관계, 그 관계를 맺기 위한 시간, 정성, 책임 이런 가치가 아닐까 생각합니다. 아이들에게도 친구를 사귀고, 관계를 맺을 때 어떻게 해야 할지, 《어린 왕자》를 함께 읽고 필사하면서 한번 이야기를 나눠보세요.

3-4

# 비상飛上하면 비상非常하게 세상을 볼 수 있다

### 《갈매기의 꿈》

《갈매기의 꿈》은 《어린 왕자》처럼 대중들에게 많이 알려진 책입니다. 1970년에 출간된 이후 5년 만에 미국에서만 700만 부가 넘게 팔렸습니다. 처음에는 그렇게 주목을 끌지 못하다가 출간 2년 뒤인 1972년부터 베스트셀러가 되었습니다.

이 책은 갈매기를 주인공으로 의인화해 동화처럼 쉽게 읽을 수 있습니다. 하지만 그 안에 들어있는 한 문장 한 문장은 만만치 않은 무게를 지니고 있습니다. 의식의 한계를 극복하고, 진정한 자유를 꿈꾸는 갈매기 조나단의 모습에서 "인간의 삶은 어떠해야 하는가?"라는 물음에 대한 답을 찾아볼 수 있습니다.

이 책을 쓴 작가 리처드 바크Richard Bach는 생텍쥐페리처럼 공군 조종사였습니다. 높은 곳에서 세상을 보면 어떻게 보이나요? 높은 산꼭대기에 오르거나, 고층 빌딩에 올라갔을 때, 혹은 비행기를 타고 하늘을 날면서 아래를 내려다보면 커다란 나무나 조그마한 아이나 큰 차이가 없습니다. '도토리 키 재기'라는 말이 있죠? 땅 위에서 우리가 먹고살기 위해 아등바등 살고 있지만, 하늘을 날아올라 높은 곳에서 내려다보면 누가 조금 더 크고, 누가 돈이 더 많고, 누가 더 오래 살고 이런 것들이 크게 의미가 없습니다.

현재 지구상에서 인류가 만든 건축물 가운데 가장 높은 것이 무엇인지 아시나요? 바로 아랍 에미리트UAE 두바이에 있는 부르즈 할리파Burj Khalifa입니다. 무려 828m나 됩니다. 제가 몇 년 전에 기회가 있어 부르즈 할리파 전망대에 올라가봤습니다. 그곳에서 바라보니 두바이의 수많은 건물들이 사막이라는 거대한 그릇 안에 담긴 조약돌 같은 느낌이었습니다. 땅에서는 그렇게 거대해보였던 건물들이었는데 말이죠.

생텍쥐페리나 리처드 바크와 같이 조종사 출신 작가들의 작품 속에서는 "비상飛上하면 비상非常하게 세상을 볼 수 있다."라는 생각이 듭니다. '비상飛上한다'는 것은 관점의 변화입니다. 시각의 전복이죠. 기존의 땅 위에서만 바라보던 세상을 완전히 다른 각도에서 바라보는 것입니다. 다른 시각으로 바라보면 같은 사물이 전과 다르게 보입니다.

우리가 어떤 사물이나 사건을 바라볼 때 다른 사람의 시각에서 보면 어떤가요? 분명히 같은 건데 달라집니다. 아주 오래된 영화 중에 〈부시맨〉이라는 영화가 있습니다. 그 영화를 보면 하늘에서 떨어진 콜라병을 부시맨들은 열매를 깨는 도구로 사용합니다. 어릴 때 깔깔 웃으면서 봤던 기억이 납니다. '저걸 왜 바보같이 저렇게 쓰지?'라는 생각에 웃었는데, 생각해보면 그들의 입장에서는 당연한 것일 수 있습니다. 콜라병은 위가 점점 좁아지는 형태라 잡기가 쉽습니다. 그리고 과일보다는 단단한 편이니 충분히 도구로 활용할 수가 있는 것이죠.

다행히 우리에게는 고전을 선물해준 작가들이 있습니다. 작가들은 평범하지 않은 비범한 관점으로 세상을 읽어내고 해석합니다. 우리가 어렴풋이 인지했지만 미처 언어로 표현해내지 못한 것을 글로 보여줍니다. 관점의 변화, 시선의 전복! 이런 것이 인문학의 선물 중 하나가 아닐까 생각해봅니다. 부모가 먼저 시선을 바꿔 세상을 바라보는 경험을 하고 아이들에게도 새로운 관점으로 세상을 볼 수 있도록 이끌어주면 어떨까요?

## 나만의 살아갈 이유를 찾아라

《갈매기의 꿈》은 아침부터 분주하게 움직이는 갈매기들의 모습을 묘사하면서 시작합니다. 아침 해가 뜨고, 바다 위 낚싯배에서는 물고

기를 잡기 위해 밑밥을 뿌립니다. 그것을 얻어먹기 위해 천 마리쯤 되는 갈매기 떼가 서로 밀고 다투면서 하루를 시작합니다. 분주하죠. 경쟁하는 삶입니다. 다른 갈매기를 밀어내지 않으면 내가 먹이를 충분히 먹지 못합니다. 밑밥의 양은 정해져 있고, 나는 힘을 길러 경쟁자를 밀어내고 그 먹이를 더 많이 차지해야 합니다. 매일 반복되는 갈매기들의 먹고 살기 위한 투쟁입니다.

이 장면을 보면서 지하철이나 버스에 몸을 싣고 출근하는 직장인들의 모습과 비슷하다는 생각이 들지 않나요? 출근길 직장인들의 표정을 보면 어떤가요? 저는 가끔 상대방이 기분 나쁘지 않게 조심스럽게 사람들의 표정을 관찰해보곤 합니다. 사실 대부분 표정을 읽기가 힘듭니다. 무표정이죠.

'즐거운 하루가 시작되었네. 오늘 하루는 어떤 재미있는 일이 펼쳐질까?'라는 생각을 하면서 출근하는 사람은 거의 없습니다.

다시 앞의 장면으로 돌아가서 한번 이런 생각을 해볼까요? 만약 갈매기 입장에서 낚싯배가 오지 않는다면 어떻게 될까요? 동료들과 피 터지게 경쟁하면서 쟁취할 먹이 자체가 없어집니다. 낚싯배를 띄울지 말지 여부는 갈매기들의 통제권 밖에 있습니다. 낚싯배가 없으면 먹이도 없습니다. 타인에게 의존하는 삶입니다. 기본적으로 다른 사람에 고용되어 살아간다는 것은 의존하는 삶입니다.

타인에게 의존하면 자유가 없습니다. 내 순간순간의 삶을 스스로 결정할 수가 없습니다. 남에게 내 인생의 키를 넘겨준 것입니다. 그러다 보니 자유로움이나 진정한 행복을 느끼기가 어렵습니다. 자유는 내 삶의 주도권을 내가 갖고 있을 때 느낄 수 있는 것입니다.

隨處作主 立處皆眞. [수처작주 입처개진.]

이르는 곳마다 주인이 되고 선 자리가 모두 진실해야 한다.

중국 임제종의 개조 임제의현 선사의 말을 수록한《임제어록》에 나오는 말입니다. 내가 머무는 곳에서 주인이 되어야 합니다. 주인의 삶을 살아야 자유롭습니다. 우리는 언제 진실할 수 있을까요? 상대방이 나의 월급 통장에 찍히는 돈에 대해 결정권을 갖고 있거나, 오늘의 야근 여부를 결정할 수 있다면 과연 진실할 수 있을까요? 내 삶을 살아야 선 자리에서 진실할 수 있습니다.

제가 이런 말을 하면 '모두가 자기 일을 한다고 프리랜서나 사업가로 살면 직장에서는 누가 일하란 말이냐?'라고 생각할 수도 있습니다. 맞습니다. 누군가는 남이 만든 시스템 안에서 일해야 합니다. 그래야 사회가 유지되겠지요.

이에 대해서는 두 가지 측면에서 이렇게 말하고 싶습니다. 첫째, 평생 남의 일만 하지는 말자. 지금은 직장에 몸담고 있더라도 언젠가는 나의 일을 한다는 생각을 가지자는 것입니다. 둘째, 지금 남의 밑에서 일을 하더라도 '생각'을 하자는 것입니다. 내 생각을 가지고 있어야 주인이 될 수 있습니다.

> 대개의 갈매기들에게 중요한 것은 비행이 아니라 먹이다. 하지만 조나단에게 중요한 것은 먹이가 아니라 비행이었다.

평범한 갈매기들은 먹고사는 문제에만 매달려 있습니다. 하지만 평범함을 거부한 조나단은 무리에서 떨어져 홀로 비행 연습을 합니다. 그러면서 비행의 원리를 깨닫고 살아갈 이유를 찾죠. 살아갈 이유가 '먹이'뿐이라면 우리 삶은 비참합니다. 나의 소명을 스스로 찾아야 합니다. 소크라테스나 공자처럼 말이죠.

내 삶에 먹는 것, 권력을 추구하는 것 이상의 '그 무엇'이 있는 사람은 삶의 결이 다릅니다. 쉽게 비굴해지지 않고, 인정할 수 없는 권위에 저항할 줄 압니다. 아이들에게 넬슨 만델라, 링컨, 이순신, 사마천 등 역사적으로 위대한 업적을 이룬 인물들의 이야기를 들려주세요. 책으로 읽어주셔도 좋고, 스토리텔링 식으로 그 사람들의 삶을 재미있게 이야기해주어도 좋습니다.

부모는 아이를 대학까지 공부시키고 결혼할 때 전세금을 마련해주는 존재가 아닙니다. 물론 그런 역할도 중요합니다. 하지만 정말로 중요한 부모의 역할은 아이들이 스스로 '살아가는 이유'를 찾을 수 있게 도와주는 것입니다. 먹고사는 것 외에 내 삶의 소명, '그 무엇'을 찾고 그것을 완벽하게 잘하기 위해 노력하는 삶은 깊이가 있습니다.

## 저항은 비상飛上의 전조다

평범함을 거부하고 나만의 길을 가는 데에는 많은 저항이 따릅니다. 주변 사람들의 저항, 자기 내면에서의 저항, 그리고 완성석으로도 저항이 있죠.

"중간만 가면 된다. 특별한 일은 비범한 사람들에게 맡겨라. 송충이는 솔잎을 먹는 거다."

"우선 먹고사는 문제부터 해결해라."

새로운 일을 시작하려고 할 때 주변 사람들의 충고와 조언에 맥이 풀릴 수가 있습니다. 그런 조언은 충분히 경청하면 됩니다. 그리고 감사한 마음을 표시하세요. 조언을 해주는 사람들의 세계에서는 그것이 진실입니다. 하지만 내가 다른 것을 보고 있다면 논쟁하거나 설득하려 하지 말고, 현실로 이룸으로써 결과로 보여주면 됩니다.

'나는 안 돼. 내가 그렇지 뭐.'

'내가 뭐가 특별하다고 이런 힘든 것을 해보겠다고 해서 이게 무슨 고생이야.'

'과연 진짜 될까? 내가 해낼 수 있을까?'

주변 사람들의 저항보다 더 이겨내기 힘든 것은 자기 내면의 저항입니다. 조나단도 학습된 내면의 저항에 괴로워하는 장면이 나옵니다.

> 아버지 말씀이 옳았어. 이 엉뚱한 짓은 집어치워야 해. 집으로, 갈매기 무리에게 날아가서 이대로 만족하면서 살아야 해. 한계가 많은 처량한 갈매기로.

저는 첫 번째 책을 출간한 후 온라인에서 고전필사, 고전 독서와 함께 책 쓰기 과정도 진행하고 있습니다. 예비 작가님들이 책을 쓰는 과정에서 대부분 이런 내면의 저항을 경험합니다. 작가가 된다는 것이 생각만큼 만만한 일은 아닙니다. 빈 종이 위에 깜빡거리는 커서의 공포를 이겨내면서 A4 100장 정도의 원고를 써내야 합니다. 그런데 책을 쓰기 위한 콘텐츠를 완벽하게 준비하고 쓰기 시작하는 사람은 아무도 없습니다. 전체 기획을 하고 실제로 글을 쓰면서 부족한 분야는 공부하고, 때로는 머리를 쥐어뜯으면서 글을 써야 합니다. 그 과정에서 내면의 저항에 부딪힙니다. 환경적으로도 책 쓰기 힘든 상황을 겪기도 하고요.

그럴 때는 스스로 한계를 짓지만 않으면 이겨낼 수 있습니다. "나는 이 정도다."라는 한계는 환상입니다. 내 의식 속에서 잠재력의 최대치를 낮게 정해버리면 그 이상을 해낼 수 없습니다. 잠재력은 내가 생각하는 그대로 발휘됩니다.

사실 저항은 축복입니다. 비행기가 하늘을 날아오르려면 공기의 저항이 필요합니다. 자동차가 앞으로 나가려고 해도 땅의 저항(마찰)이 필요하죠. 만약 비행기가 공기의 저항이 있다고 더 이상 속도를 내지 않으면 어떻게 될까요? 그냥 땅을 기어 다니게 됩니다. 그것 자체의 쓰임새대로 활용되지 못하는 것이죠. 공기의 저항이 올 때는 속도를 더 올려서 밀어붙여야 합니다. 그래야 저항을 끌어안고 활용해서 하늘을 날아오를 수 있습니다. 저항은 더 높이 날아오르기 위한 비상의 전조입니다.

살다 보면 크고 작은 시련이나 저항이 있습니다. 그런 일이 있을 때마다 아이들의 정신이 무너지고 흔들린다면 자유로운 삶, 행복한 삶을 살기는 힘듭니다. 조나단의 이야기를 함께 읽으며 아이들이 시련이나 저항을 바라보는 관점을 바꿔주는 것은 어떨까요?

## 고독의 시간을 이겨내야 날아오른다

날아오르기 위해서는 고독의 시간을 이겨내는 힘이 필요합니다. 인내심, 뚝심이 필요한 것입니다. 자기만의 분야를 개척하기 위해서는 죽도록 연습하고 자신을 갈고 닦는 시간이 필요합니다. 이것은 어느 분야나 마찬가지입니다.

전 세계 최고의 농구선수들이 모여 경쟁하는 무대가 바로 NBA입니다. 정말 괴물 같은 선수들이 득실득실합니다. 달려오면서 자유투 라인에서 뛰어올라 덩크를 내리꽂는 선수가 있는가 하면, 점프도 하지 않고 손만 뻗어 덩크를 해내는 거인도 있습니다. 3점 라인에서도 한참 떨어진 중앙선 부근에서 3점 슛을 던져서 성공시키거나, 일부러 골 밑에서 파울을 유도한 뒤에 보지도 않고 공을 뒤로 던져 슛을 성공시키는 장면도 종종 볼 수 있습니다.

이 NBA 세계에서 살아남으려면 타고난 신체와 운동능력 외에 필요한 것이 있습니다. 바로 끈질긴 노력과 집념입니다. 한 선수의 이야기를 해보려고 합니다. 얼마 전(2020년 1월)에 안타깝게 헬기 추락사고로 숨진 코비 브라이언트Kobe Bean Bryant입니다. 코비는 로스앤젤레스 레이커스 팀에서 주전 슈팅 가드로 1996년부터 2016년까지 20년간 활약했습니다. 그동안 NBA 챔피언 5회, 정규시즌 MVP 1회, 파이널 MVP 2회, 1경기 득점 기록 역대 2위(81점), NBA 통산 득점 순위 3위(33,643점) 등 화려한 성적을 거두었습니다. 그는 세계적으로 유명한 농구 스타였으며, 이름만으로도 전설이 되었습니다. 198cm, 96kg의 신체조건으로 NBA에서는 비교적 평범한 체구를 가진 코비가 어떻게 최고의 농구 스타가 되었을까요?

코비는 지독한 연습벌레였습니다. 고등학생 때는 새벽 5시에 체육관에서 2시간 개인 훈련을 한 뒤에 수업을 들으러 갔습니다. NBA 선수가 된 이후에는 항상 팀에서 가장 먼저 체육관에 나와 연습을 하고 가장 늦게 떠났다고 합니다. 시합이 있는 날에는 혼자 800개의 슛을 성공시킨 뒤에 시합에 참가할 정도로 기본 연습을 중요하게 생각했습니다.

> "농구선수로서나 한 개인으로서나 나는 기대 이상의 성과를 냈다. 엄청나게 노력한 결과이다. '나'라는 오렌지에서 한 방울도 남지 않도록 모든 것을 짜냈기 때문에 가능했다."
> "비결 따위는 없다 그저 연습만 했을 뿐이다."
>
> 코비 브라이언트

고등학생 시절, 새벽 5시에 경기장 문을 열고 개인 연습을 하려면 몇 시에 일어나야 했을까요? 아침잠의 유혹을 뿌리치기가 만만치 않았을 것입니다. 어둠 속에서 홀로 슛 연습을 할 때의 그 고독은 어떻게 이겨냈을까요? 최고가 되겠다는 집념이 아니었다면 쉽지 않았을 것입니다.

코비는 술도 마시지 않았습니다. 술을 마실 시간에 한 번이라도 농구공을 더 던지겠다고 말했습니다. 코비 주변의 사람들은 그가 농구에 제대로 '미친' 사람이었다는 것을 한 입으로 증언합니다.

다시 책으로 돌아와 볼까요? 조나단은 홀로 고독을 이기며 해가 뜰

무렵까지 비행을 연습하고 또 연습합니다. 너무 빠른 속도를 통제할 수 없을 때는 죽음의 문턱까지 가기도 합니다. 그 과정에서 비행에 통달하는 경험을 합니다. 그는 시속 344킬로미터로 비행을 해냅니다.

> 그는 생기 넘쳤으며 기쁨에 파르르 떨었고, 두려움이 통제되는 것이 자랑스러웠다.
> 이제 살아갈 이유가 얼마나 더 많은가! 단조롭게 낚싯배를 왔다 갔다 하는 것 이상의 사는 이유가 생겼지! 우린 무지에서 벗어날 수 있어. (중략) 우린 자유로울 수 있어! 비행하는 방법을 배울 수 있어!

최근에 기쁨으로 파르르 떨어본 기억이 있나요? 인간은 가치 있다고 생각하는 목표를 달성하는 과정에서 자신을 극복할 때 지극한 만족감을 느낍니다. 너무 기뻐서 온몸의 세포가 진동하는 체험입니다. 남들의 인정도 중요하지만 '나 자신을 내가 이겨냈구나, 한 고비를 넘었구나.'라는 것을 스스로가 느낄 때 그 성취감은 너무나도 강렬한 체험입니다.

이런 글을 함께 읽으면서 아이들에게도 무엇이든 거저 얻어지는 것이 아니라 반드시 그만큼 노력을 해야 한다는 것, 고독의 시간을 이겨내야 한다는 삶의 진리를 전해주세요.

## 죽어가는 것이 아닌, 살아가기 위한 삶을 살려면

우리는 하루하루를 살아갑니다. 하루하루 죽음에 가까워진다고도 할 수 있습니다. 내가 주인이 되면 정말로 '살아'갈 수 있습니다. 하지만 나의 삶을 꽃피워내지 못하고 남의 삶을 살면 하루하루 죽어갑니다. 능동적인 삶은 사랑과 환희로 가득 차 있습니다. 수동적인 삶은 두려움과 분노로 점철되어 있습니다.

우리는 눈을 감을 때 어떤 모습일까요? 죽기 전에 하지 못한 일에 대해 후회하고 이루지 못한 것을 아쉬워할까요? 아니면 경험했던 모든 것에 감사할 수 있을까요?

> 한때 조나단이 갈매기 모두를 위해 바랐던 것들을 이제 그 혼자 얻었다. 하늘을 나는 법을 배웠고, 그 대가로 치른 희생은 아쉽지 않았다. 갈매기들이 그렇게 단명하는 것이 따분함과 두려움과 분노 때문임을 그는 알았다. 머릿속에 그런 것들이 없는 조나단은 훌륭한 삶을 오래 살았다.

2018년 통계청 발표 자료에 따르면 한국인의 평균 기대 수명은 여자 85.7세, 남자 79.7세로 평균 82.7세라고 합니다. 원래 인간은 이보다 더 오래 살 수 있다고 합니다. 그런데 이렇게 80년 정도 살다가 죽게 됩니다. 의학의 도움을 받더라도 말이죠. 우리는 왜 단명할까요?

그것은 자유를 느끼지 못하기 때문입니다. 배움 속에서 기쁨을 느끼지 못하기 때문입니다. 내 인생을 내 의지대로 꽃피우지 못하기 때문입니다. 가슴이 뛰지 않기 때문입니다. "~해야 한다."라는 고정관념에 갇혀 자신을 자유롭게 하지 못하기 때문입니다.

우리는 돈을 벌고 먹고 살려면 하기 싫더라도 다수가 정해놓은 그 길을 가야 한다고 믿고 있습니다. 보통 갈매기들처럼 말이죠. 하지만 조나단은 자신만의 비행법을 창조해냅니다. 그 결과 다른 갈매기들과 같은 시공간에 존재하지만 전혀 다른 세상을 살아갑니다. 그는 바람을 타고 날아가면서 공중에서 자는 법을 배웁니다. 다른 갈매기들이 짙은 바다 안개 속에 갇혀 땅바닥에서 우두커니 서 있을 동안 그는 강풍을 타고 육지 깊이 들어갑니다. 그리고 그곳에서 남들이 먹지 못하는 맛 좋은 벌레들을 실컷 먹습니다. 낚싯배에서 던져주는 먹이를 차지하려고 싸우는 대신 혼자서 풍요로움을 즐깁니다.

프레임의 변화입니다. 남들 다하는 방식으로 경쟁하는 레드오션이 아니라 나만의 길을 찾아 블루오션에서 즐기는 것입니다.

"자식들에게 바라는 것이 있으세요?"

"남들처럼 평범하게 살았으면 좋겠어요."

TV에서 인터뷰하는 내용을 보면 이런 말을 하는 부모님들이 있습니다. 많은 부모들이 '남들처럼 평범하게' 직장 다니고, 결혼하고, 애 낳고 하는 것을 금과옥조로 여깁니다. 물론 이런 삶의 방식은 충분히 가치 있고 멋집니다. 하지만 이런 방식'만' 진리라고 믿고 그 속에서만 경쟁하는 것은 죽어가는 삶의 길입니다. 왜 다르면 안 될까요? 왜 내 아이는 특별해졌으면 좋겠다고 말하지 못할까요?

죽어가는 것이 아닌, 살아가는 삶을 살려면 깨어 있어야 합니다. 평범하기보다 비범하려고 해야 합니다. 평균이 아닌 탁월함을 추구해야 합니다. 아이들에게 평범함을 강요하지 말고 내 아이만의 특별함과 탁월함에 주목해보세요.

## 우리는 존재 자체로 완벽하고 한계가 없다

> 생각만큼 빨리 날려거든, 어디든 가려거든 자네가 이미 도착했다는 것을 아는 것에서 시작해야 하네.

2007년에 《시크릿》이라는 책이 번역 출판되면서 큰 인기를 끌었습니다. 이 책의 주요 메시지는 "간절히 원하면 이루어진다."라는 '끌어당김의 법칙'입니다. 비슷한 시기에 '꿈', '끌어당김'과 같은 키워드를 가진 책들이 쏟아져 나왔는데요, 정말 간절히 원하면 이루어질까요?

'간절히 원한다'는 것은 '원래 없거나 되지 않은 상태인데, 있었으면, 이루어졌으면 좋겠다고 바라는 것'입니다. 전제 자체가 결핍이죠. 결핍에 집중되어 있습니다. 그러니 이루어지기가 쉽지 않습니다. 지금 제 손에 휴대폰이 있습니다. 제가 "이 휴대폰이 내 손 안에 존재했으면 좋겠다."라고 간절히 원할 필요가 있을까요? 전혀 그럴 필요 없습니다. 제가 휴대폰을 갖고 있는 것은 그냥 사실입니다. 그저 아는 것이죠. '아~ 휴대폰이 내 손에 있네.'라고 알고만 있으면 됩니다. '있음'이 전제입니다.

바란다는 것은 현재 나의 상태를 스스로 제한하고, 그래서 결핍되어 있다는 것을 전제로 하고 있습니다. 그러다 보니 어떤 것을 간절히 원하더라도 저항감이 생깁니다. "정말 그게 되겠어? 안 될 것 같은데." 라는 내면의 저항이 깊숙이 자리 잡고 있기 때문에 긍정적으로 생각을 해도 잘 이루어지지 않습니다. 한계를 설정해놓고 무엇인가를 원하기 때문에 계속 엇박자가 납니다. 생각이 둘로 쪼개져 있는 것이죠.

신념은 잊어버려! 나는 데 필요한 건 신념이 아니라, 비행을 이해하는 것이었지.

아, 맞아! 나는 완벽하고 한계가 없는 갈매기야.

중요한 것은 자신을 믿는 것입니다. 나의 한계가 없다는 것을 '알고' 행동하는 것이 핵심입니다. 한계라는 것은 내 부정적인 의식이 만드는 것입니다. 다른 누군가가 해낸 일은 나도 할 수 있습니다.

손가락이 양손에 각각 2개씩 밖에 없는 피아니스트 이희아, 짧은 왼쪽 발 외에 사지가 없이 태어났지만, 장애를 극복하고 전 세계인들에게 희망을 전하고 있는 닉 부이치치와 같이 상식적인 '한계'를 극복해낸 사람들의 일화를 아이들과 함께 나누면서 이 부분을 함께 이야기해보세요.

## 깨달음은 나누어야 한다

제 힘으로 진실을 터득할 기회를 구하는 갈매기에게 그가 아는 진실을 알려주는 것이 조나단이 사랑을 펼치는 방식이었다.

조나단은 비행에 대해 터득하고, 스승을 만나 자유와 사랑에 대한 깨달음을 얻습니다. 그러고 나서 지상에 이런 깨달음을 전해줄 갈매기들이 있을 거라 생각합니다. 편하게 하늘 위의 세상에서 스승들과 함께 살 수도 있을 텐데 굳이 지상으로 내려와 가르침을 펼치려고 합니다. 나만 깨닫고 마는 것이 아니라, 깨달음을 나누는 봉사의 삶을 택합니다. 그것이 바로 진정한 사랑인 것이죠. 저는 이 부분을 보면서 플라톤이 생각났습니다.

플라톤의 《국가》에 보면 '동굴의 비유'가 나옵니다. 보통 사람들이 보고 있는 세상은 마치 동굴 속에 갇힌 수감자들이 바라보고 있는 허상과도 같은 것이라고 합니다. 수감자들은 쇠사슬에 묶인 채 고개조차 돌리지 못하고 있지요. 그러니 불빛에 비친 그림자만을 보며 그것이 세상의 전부인 것으로 알고 살아갑니다.

그런데 누군가가 거칠고 험한 오르막길을 올라가 햇빛을 보면 어떨까요? 처음에는 괴로워하겠지만 세상의 실상을 깨닫고 그곳에 머무르려고 할 것입니다. 따뜻한 햇볕이 있고 세상의 진면목을 다 볼 수 있는 지상에서 지내려고 하지, 굳이 다시 동굴로 내려가려 하지 않는 것입니다.

하지만 플라톤은 소크라테스의 입을 빌려 이렇게 지상의 맛을 본 사람들은 공공을 위해 다시 동굴로 들어가야 한다고 말합니다. 나누어야 한다는 것이죠. 자신의 깨달음, 지식, 경험을 혼자만 즐기지 말고 다시 동굴 속으로 들어갈 것을 요구합니다. 진정한 사랑의 마음을 갖고 나의 동료들의 삶 속으로 들어가라는 것입니다.

하지만 그 사랑의 길이 쉽지만은 않습니다.

"어떤 새에게 그가 자유롭다고, 잠시 수련에 힘쓰면 그것을 스스로 증명할 수 있다고 설득하는 일이 왜 세상에서 가장 어려울까? 왜 이리도 힘이 들까?"

내가 깨달은 것을 온전히 남에게 전한다는 것은 쉬운 일이 아닙니다. 그것을 정확하게 깨닫게 하려면 머리가 아닌 가슴으로 느끼게 해야 합니다. 깨달음은 체험에서 옵니다. 그런데 그 체험은 어지간한 인내심이 아니고서는 할 수 없습니다. 스승과 같은 혹은 그 이상의 노력을 기울여야 그 깨달음의 경계를 체험할 수 있습니다. 그래서 동양의 선禪 문화에서는 제자를 함부로 받지 않습니다. 달마 대사도 스스로 팔을 자르는 것을 보고서야 혜가를 첫 제자로 받아들였습니다.

《갈매기의 꿈》은 언뜻 보면 이솝우화처럼 교훈적인 짧은 이야기로 보입니다. 하지만 그 속에 담겨 있는 메시지는 한두 번 읽어서 소화해낼 수 있을 만큼 호락호락하지 않습니다. 이 책을 아이들과 함께 읽으면서 특별함을 추구하는 삶, 고독의 시간을 이겨내는 인내, 진정 자유롭다는 것, 깨달음을 나누는 삶 등에 대해 꼭 이야기를 나누어보세요.

그리고 시중에 영어 원문도 나와 있으니 아이들이 흥미를 보이는 부분은 영어로도 함께 필사해보세요.

3-5

# 인생은 고난의 연속이다. 고난을 대하는 자세

《오디세이아》

## 호메로스와 서양문화

인간의 역사는 이야기의 역사입니다. 누군가는 이야기를 만들어냅니다. 그리고 누군가는 그 이야기를 소비합니다. 사람들은 딱딱한 논리학이나 철학보다는 매력적인 주인공과 서사가 있는 문학을 더 좋아합니다. 그것이 스토리텔링이 먹히는 이유죠. 같은 주장을 하더라도 논리적인 근거만 나열하는 것보다는 스토리텔링 방식으로 감성을 자극하면 상대를 더 쉽게 설득할 수 있습니다.

《오디세이아》는 《일리아스》와 함께 서양 문학의 뿌리가 되는 서사시입니다. 대중들 앞에서 운율에 맞춰 누군가가 읽어주기에 적합한 형태입니다. 2,000여 년 전에는 TV나 인터넷이 없었으니, 이야기를 소비하기 위해서는 특정한 장소에 사람들이 모이는 수밖에 없었을 것입니다. 그래서 서양 최초의 문학은 이렇게 대중들 앞에서 전문적인 이야기꾼이 실감 나게 읽어줄 수 있는 형태로 시작이 되었습니다.

두 작품의 저자로 알려진 인물은 호메로스입니다. 보통 눈이 먼 사람으로 묘사됩니다. 그런데 이 사람이 실존 인물인지 아닌지 여부는 학자들 간에도 결론이 나지 않았습니다. 온전한 기록이 없기 때문에 수천 년 전 사람의 실존 여부를 정확히 알기는 쉽지 않습니다.

세계인들에게 스마트폰을 보급한 스티브 잡스가 다니다가 그만두었던 학교가 리드 칼리지입니다. 이 대학은 인문학 교육으로 유명합니다. 리드 칼리지의 신입생들은 서양고전 인문학 수업을 필수로 들어야 합니다. 앞서 언급한 것처럼 이 대학에 합격하면 입학생에게 환영한다는 편지와 함께 두 권의 책이 온다고 합니다. 바로《일리아스》와《오디세이아》입니다. 합격의 기쁨을 누리되 너무 실컷 놀기만 하지 말고 고전을 읽고 오라는 의도입니다.

리드 칼리지에서는 수많은 고전 중에서 왜 이 두 작품을 선정해서 신입생들에게 주는 것일까요? 고대 서양에서 가장 먼저 문화가 꽃피웠던 곳이 그리스 지역이고, 여기서 나온 최초의 서사시가 이 두 작품이기 때문입니다.《일리아스》와《오디세이아》를 모르고는 서양문화를 논할 수가 없습니다. 문학뿐 아니라 그림, 조각 등 서양문화의 다방면에 절대적인 영향을 미쳤기 때문이죠.

## 시작은 전쟁이었다_ 트로이 전쟁 이야기

《일리아스》와 《오디세이아》의 주요 배경은 트로이 전쟁입니다. 트로이 전쟁의 시기는 정확하게 알 수는 없지만, 학자들은 대략 기원전 12세기 정도로 보고 있습니다. 이 전쟁은 10년 이상 계속 되었습니다.

그리스와 트로이 간의 전쟁이 끝나지 않자, 그리스인들은 힘으로 트로이를 이기는 것을 단념하고 꾀를 냅니다. 그리스군은 퇴각하는 척하면서 목마를 선물로 두고 갑니다. 트로이인들은 이 목마를 전리품으로 여기고 자신들의 성으로 끌고 들어갑니다. 사실 목마 속에는 그리스군이 숨어 있었죠. 결국 이들이 한밤에 성문을 열어 그리스군은 난공불락의 트로이 성을 함락할 수 있었습니다. 이 트로이 목마의 아이디어를 낸 사람이 바로 《오디세이아》의 주인공 오디세우스입니다.

《일리아스》는 트로이 전쟁에서 아킬레우스의 분노와 활약을 주로 그리고 있고, 《오디세이아》는 트로이 전쟁에서 이긴 그리스군의 영웅 중 한 명인 오디세우스가 고향으로 돌아가는 이야기입니다. 이 트로이 전쟁의 이야기가 상당히 흥미롭습니다. 그리스 신화에서는 트로이 전쟁의 원인을 사과 하나 때문이라고 하는데 그 이야기는 이렇습니다.

트로이 전쟁의 영웅 아킬레우스의 어머니는 바다의 여신 테티스입니다. 이 테티스 여신은 굉장히 아름다웠습니다. 테티스는 제우스와 포세이돈 같은 쟁쟁한 신들의 마음을 빼앗기도 했지만, 결국 인간인 펠레우스와 결혼합니다. 결혼식에는 올림푸스의 신들이 모두 초대되었지만, 불화의 여신 에리스만은 제외되었습니다. 누가 경사스러운 자리에 불화와 재앙을 상징하는 신을 초대하겠습니까? 그런데 그것은 주최측의 입장이고, 에리스는 이에 앙심을 품고 연회식장에 '가장 아름다운 여신에게'라는 메시지와 함께 사과를 하나 던졌습니다. 재앙이 시작되었죠.

그리스 신화에서 가장 아름다운 여신은 누구일까요? '아름답다'는 것이 주관적이다 보니 판단하기는 쉽지 않습니다. 올림푸스에 내로라하는 여신들이 이 사과를 차지하려고 합니다. 제우스의 아내로 올림푸스 최고의 여신인 헤라, 지혜와 전쟁의 신으로 제우스의 사랑을 듬뿍 받은 아테나, 미의 여신 아프로디테 이렇게 세 여신이 이 사과를 차지하려고 다투게 됩니다.

쟁쟁한 세 여신이 싸우는데 판단을 내리기가 쉽지 않았겠죠? 어떤 신도 이 싸움이 끼어들려고 하지 않습니다. 심지어 제우스도 마찬가지였습니다. 제우스는 여기서 한 발 뺍니다. 그는 트로이의 버려진 왕자 파리스에게 세 여신을 보내 판결을 받고 오게 합니다.

파리스는 트로이의 마지막 왕 프리아모스의 아들입니다. 그의 부모는 파리스가 '트로이를 멸망시킬 수도 있는 아이'라는 말에 이다 산에 버렸습니다. 그런데 이런 아이들의 특징이 뭐죠? 죽으라고 버리는데 잘 안 죽습니다. 파리스는 곰의 젖을 먹고 살아남았고 외모가 준수한 청년으로 자라납니다.

세 여신은 파리스에게 자신을 선택해달라고 미끼를 던집니다. 헤라는 권력을, 아테나는 전쟁에서의 승리를, 아프로디테는 최고의 미인을 주겠다는 약속을 합니다. 여기서 파리스는 누구를 선택했을까요? 여러분이라면 어떤 것을 선택하겠습니까? 이런 장면은 아이들에게도 이야기해주다가 멈추고 물어볼 수 있습니다. 제 아이는 파리스의 선택을 도무지 이해하지 못하겠다고 하더군요.

마침내 파리스는 최고의 미인을 선택합니다. 그는 이미 결혼한 몸이었는데도 말이죠. 파리스는 여자를 상당히 밝히는 인물로 나옵니다. 나중에 파리스의 형 헥토르는 동생의 이런 모습을 '외모만 멀쩡하지 계집에게 미친 유혹자'라고 신랄하게 비판하기도 합니다. 결국 사과는 아프로디테의 차지가 되고, 아프로디테는 파리스에게 지상 최고의 미인 헬레네를 얻을 수 있게 해줍니다.

그런데 이 헬레네가 유부녀였습니다. 그녀는 스파르타의 왕 메넬라오스의 부인이었어요. 이 메넬라오스가 나중에 트로이 전쟁의 총사령관 역할을 하는 아가멤논의 동생입니다. 헬레네에게 수많은 그리스 영웅들이 구혼했는데 결국 메넬라오스가 선택되었고, 탈락(?)한 구혼자들은 이렇게 맹세를 합니다. "헬레네가 남편으로 선택하는 사람의 권리를 지켜주고, 그들 부부를 보호해주겠다."라는 맹세였죠. 그런데 파리스가 하필이면 이 헬레네를 데리고 사랑의 도피를 하게 됩니다. 그래서 온 그리스의 용사들이 벌떼처럼 일어나 트로이를 공격한 것이죠. 이 전쟁은 10년 동안 계속됩니다.

이 10년의 전쟁에서 승리한 것은 그리스군이었습니다. 그들은 트로이를 차지하고 수많은 전리품을 싣고 고향으로 돌아갑니다. 하지만 그들은 잃은 것이 없었을까요? 걱정되는 것은 없었을까요? 10년이나 자기 나라를 비우고 온 사람들은 무엇이 걱정되었을까요?

내 가족들은 무사한지, 아내가 혹시 다른 남자와 바람이 나지는 않았는지, 자식들은 잘 컸는지, 내 피와 같은 재산을 자식이 제대로 커서 간수하고 있는지 많은 것들이 걱정될 것입니다. 오디세이아는 이렇게 멀리 고향을 떠나온 뱃사람, 용사들의 근원적인 걱정에서부터 시작됩니다.

## 고난의 의미는 무엇인가?

오디세우스는 전쟁에서 큰 공을 세우고 승리를 했지만, 고국인 이타케로 돌아가는 여정은 고난 그 자체입니다. 굵직한 몇몇 사건만 봐도 꽤 험난한 여정이라는 것을 알 수 있습니다.

이스마로스라는 곳에서는 도시를 약탈했다가 키코네스족과 전투를 합니다. 그 힘든 10년의 전쟁을 하고 돌아오는 길에 또 전쟁을 한 것이죠. 이곳에서 오디세우스는 전우들을 잃습니다. 로토파고이족의 나라에서는 부하들이 달콤한 로토스를 먹고 고향으로 돌아갈 생각을 하지 않아 애를 먹습니다. 퀴클롭스들의 나라에서는 포세이돈의 아들인 폴리페모스라는 외눈박이 거인을 만나 많은 부하들을 잃습니다. 부하들이 산채로 거인에게 뜯어먹히는 장면을 보게 되죠. 아이아이에 섬에서는 키르케라는 마녀가 그를 유혹합니다.

그의 고난은 여기서 끝나지 않습니다. 저승을 방문하기도 하고 그 유명한 세이렌의 유혹도 이겨냅니다. 바다에서는 카륍디스와 스퀼라라는 무시무시한 괴물들 사이에서 진퇴양난의 곤경에 빠지고 많은 부하를 눈앞에서 잃습니다. 모든 것을 잃고 물에 빠져 죽을 뻔했다가 홀몸으로 파이아케스족의 나라에서 나우시카 공주와 그의 아버지 알키노오스를 만나 드디어 고향으로 돌아갈 수 있게 됩니다.

이렇게 간단히 여정을 말씀드렸는데 중간중간 어디서 많이 들어본 말이 있었을 것입니다. 폴리페모스, 세이렌, 키르케 같은 이름은 그리스 신화를 읽으면서 한번쯤 들어봤던 기억이 있을 거예요. 1984년에 일본에서 〈바람계곡의 나우시카〉라는 제목의 에니메이션을 만든 적이 있습니다. 일본은 비교적 빠르게 서양 고전을 습득한 편이라 이렇게 만화 같은 창작물에 그리스 신화의 코드를 넣어두기도 했습니다.

이 책을 읽을 때 중요한 것은 오디세우스의 고난을 흥밋거리나 이야깃거리로만 읽어버리고 말면 안 된다는 점입니다. 물론 이런 이야기 자체가 후세에 상상력을 자극하고, 다른 창작물들의 흥미로운 소재가 되긴 하지만, 더 중요한 것은 그 이야기 속에서 우리가 어떤 '의미'를 발견해내느냐 입니다. 《오디세이아》의 마지막 장면에 보면 오디세우스가 아내인 페넬로페에게 이렇게 말하는 장면이 나옵니다.

> 여보! 아직은 우리의 고난이 다 끝난 것이 아니라오. 앞으로도 헤아릴 수 없이 많은 노고가 닥칠 것이고 아무리 많고 힘들더라도 나는 그것을 모두 완수해야 하오.

오디세우스는 귀향길에서 수많은 난관에 부딪히고 고향에 와서도 100여 명의 구혼자들을 물리친 다음에도 안심하지 않습니다. 고난은 또 닥친다고 말합니다. 지극히 현실적인 말입니다.

우리의 삶은 어떤가요? 장밋빛으로만 가득한 삶이 있을까요? 고난이라는 것은 누구에게나 어떤 방식으로든 닥치게 마련입니다. 조금 비관적으로 보면 인생은 고난의 연속입니다. 평탄하기만 한 삶은 없습니다.

우리는 고난을 통해서 성장합니다. 일어나지 않아야만 하는 일은 없죠. 어떤 일이 나에게 일어났을 때 '아, 이런 일은 일어나지 않아야 하는데….'라고 비관적인 생각에만 빠져서는 발전이 없습니다. 힘든 일은 나를 쓰러지게 하려고 생기는 것이 아닙니다. 그것을 극복하면서 나를 좀 더 알아가고 단단해질 수 있습니다. 어떤 사람은 장애물에 걸려 넘어지면 운명을 한탄하지만, 어떤 사람은 다시 일어나 앞에 혹시나 다른 장애물은 없는지 잘 살피면서 끝까지 달려갑니다.

오디세우스의 말처럼 아무리 힘든 일이 닥치더라도 눈앞의 운명을 담담하게 받아들이고, 극복하려는 마음을 우리 아이들이 가질 수 있도록 이야기해준다면 《오디세이아》의 가치는 더욱 빛날 것입니다.

## 아버지의 부재는 소년을 어른으로 만든다

알파, 베타, 감마에서 오메가까지 그리스의 알파벳은 24개입니다. 《오디세이아》도 이에 맞춰 총 24권으로 이루어져 있습니다. 24권의 이야기는 세 부분으로 나눌 수 있습니다. 1~4권은 오디세우스가 없는 이타케의 모습을 보여주고 있습니다. 그가 없는 20년 동안 오디세우스의 아내 페넬로페는 무례한 구혼자들 사이에서 곤경에 처합니다. 그리고 아들 텔레마코스는 어머니를 지키기에는 역부족입니다. 5~12권은 오디세우스가 귀국하기 직전 알키노오스 왕의 궁전에서 그간의 역경을 회상하는 내용입니다. 5~12권이 오디세우스에서 가장 재미있고 잘 알려진 내용입니다. 12~24권은 오디세우스가 귀국해서 아들과 옛 부하들과 함께 구혼자들을 물리치고 자신의 권리를 되찾는 이야기입니다.《오디세이아》는 5~12권 부분을 집중적으로 읽어보시기를 권합니다. 다른 부분도 좋지만 조금 지루할 수 있거든요.

먼저 1~4권 텔레마코스의 성장 이야기를 보도록 하겠습니다. 텔레마코스는 갓난아기 때 아버지와 헤어집니다. 트로이 전쟁이 일어났을 때 오디세우스는 전쟁에 참여하고 싶지 않았습니다. 아들을 낳은 지 얼마 되지 않았을 때였거든요. 그래서 그는 미치광이 흉내를 냅니다. 어떻게 미치광이 흉내를 냈을까요? 재미있게도 그는 하나의 쟁기에 두 마리 짐승(소와 당나귀)을 매고 밭을 갈고, 밭에는 씨앗 대신에 소금을 뿌려댔습니다.

이때 오디세우스를 데리러 온 사람은 팔라메데스였습니다. 그는 오디세우스만큼 꾀가 많은 인물이었습니다. 그는 미친 척 연기를 하는 오디세우스의 쟁기 앞에 아들 텔레마코스를 둡니다. 그러면 어떻게 하죠? 아이를 죽일 수는 없잖아요. 결국 오디세우는 연기를 그만두고 트로이 전쟁에 참여할 수밖에 없는 상황이 됩니다.

오디세우스는 좀 잔인한 면이 있는 인물이기도 합니다. 이 일에 앙심을 품고 훗날 팔라메데스를 모함해서 죽음에 이르게 하거든요. 그리스를 배반한 것처럼 꾸며서 동료들이 던지는 돌에 맞아 죽게 만들어버립니다.

텔레마코스는 아버지 없이 자라면서 어머니의 구혼자들에게 온갖 굴욕을 당합니다. 구혼자들은 그의 집에 들어와 포도주며, 돼지고기며 아버지의 재산을 축냅니다. 하지만 세월은 소년을 남자로 키웁니다. 텔레마코스는 구혼자들에게 이렇게 가슴 속의 울분을 토합니다.

> 한 사람의 살림이 아무 보상도 없이 이 집에서 결딴나는 편이 그대들에게 더 유리하고 낫다고 생각된다면 마음대로 탕진하구려. 나는 영생하시는 신들께 호소할 것이오, 혹시 제우스께서 보복할 수 있게 해주실는지. 그때는 그대들 역시 아무 보상도 없이 이 집에서 결딴나게 될 것이오.

텔레마코스는 오디세우스가 아이를 부탁한 멘토르의 조언으로 그의 아버지를 찾아 떠납니다. 아버지의 옛 동료들을 만나면서 아버지가 얼마나 위대한 인물인지 확인하고, 그가 돌아올 것을 확신하고 고향으로 다시 돌아오게 됩니다. 나중에 오디세우스와 만나게 된 후에는 아버지를 도와 구혼자들을 없애는 데 결정적인 역할을 합니다.

여기서 나오는 멘토르는 오디세우스의 친구로, 자신의 아이를 맡아 달라고 부탁한 사람입니다. 《오디세이아》에서는 텔레마코스의 기도에 응답해 조언을 주는 아테나 여신으로 나옵니다. 우리가 보통 '멘토'라고 하는 말의 어원이 바로 이 멘토르입니다.

이렇게 아버지의 부재는 소년을 어른으로 만듭니다. 왜 그럴까요? 아버지라는 존재를 한번 떠올려보세요. 어떤 이미지인가요? 개인적으로 차이는 좀 있겠지만 '아버지' 하면 대체로 내가 힘들 때 버팀목이 되어주는 분, 우리 가족의 생계를 책임져 주는 사람, 외부의 세파로부터 나를 지켜주는 바위 같은 존재입니다.

물론 이렇게 멋진 아버지가 있다는 것은 좋은 일입니다. 하지만 한편으로는 너무 강한 아버지는 자식들의 독립을 방해할 수도 있습니다. 만약 오디세우스가 트로이 전쟁에 가지 않고 텔레마코스와 계속 함께했다면 어땠을까요? 너무 훌륭한 아버지의 후광에 가려 텔레마코스는 제대로 된 남자로 자라나지 못했을 수도 있습니다. 오히려 나를 보호해주던 아버지의 부재가 텔레마코스의 성장에는 약이 된 것으로 볼 수 있습니다.

우리가 자녀들을 대할 때도 이런 관점으로 접근하면 좋겠습니다. 칼릴 지브란의 《예언자》를 보면 이런 구절이 나옵니다.

그들은 그대를 통하여 왔지만 그대에게서 온 것은 아닙니다.

그리고 그들은 당신과 함께 있지만, 그들이 당신에게 속한 것은 아닙니다. 당신들은 사랑을 주어야 하지만 당신들의 생각들을 강요해서는 아니 되리니 (중략)

아이들은 내 소유가 아닙니다. 내 몸을 통해 왔지만, 나에게 속한 존재가 아닙니다. 아이들 나름의 생각이 있고 이 세상에 온 목적이 있습니다. 이것을 잊지 말아야 합니다. 이 삶을 체험하고, 성장하고, 스스로 생각하기 위해 이 세상에 온 아이들에게 부모의 생각을 강요하는 것은 신체적인 폭력만큼이나 끔찍한 일이 될 수 있습니다. 오히려 부모의 부재 - 부모의 생각을 강요하지 않는 것-가 자신만의 생각을 가진 성숙한 아이를 만들 수 있는지도 모릅니다.

## 교만함은 독이다

오디세우스는 죽을 고생을 하면서 한편으로는 승리의 순간도 맞이합니다. 무시무시한 외눈박이 거인 퀴클롭스 중 가장 강한 폴리페모스와 생사를 건 싸움을 하고 이기게 되지요.

나는 내 배에 탔던 전우들과 함께 배를 타고 가서 저들이 어떤 사내들인지, 저들이 오만하고 야만적이고 올바르지 못한지 아니면 손님에게 친절하고 신을 두려워하는 마음씨를 가졌는지 시험해볼 것이오.

오디세우스는 퀴클롭스들이 사는 섬으로 가면서 동료들에게 이렇게 말합니다. 여기에 보면 '손님에게 친절하고'라는 말이 나오는데요, 고대 그리스인들은 제우스 신이 언제 손님으로 변해서 집을 찾아올지 모르기 때문에 항상 손님에게 친절했다고 합니다. 그러니까 손님에게 친절하다는 말은 곧 "신을 잘 받들어 모신다.", "경외한다.", 뒤에 나오는 "신을 두려워한다."라는 것과 일맥상통하는 말입니다. 기본적인 예의를 안다는 것이지요.

그런데 굳이 이렇게 꼭 궁금한 것을 시험해봐야 했을까요? 오디세우스의 행동은 단순하게 낯선 상황이나 타인에 대한 호기심에서 비롯된 것이 아니었습니다. 이 '시험'은 자만심과 교만함에서 나온 것이라고 볼 수 있습니다. 트로이 전쟁에서 승리한 그리스인들의 문화는 위대하고, 퀴클롭스들의 문화는 야만적일 것이라는 생각이 깔려 있는 행동으로 볼 수 있어요.

'얘들 아무리 봐도 야만적일 것 같은데 한번 시험이나 해볼까? 제우스 신을 두려워해야 할 텐데 말이지.'라는 생각에서 비롯된 행동인 것이죠. 낯설음과의 조우에서는 반드시 내가 우월할 것이라는 교만함을 가지지 않아야 합니다. 오디세우스의 교만함은 그에게 값비싼 대가를 치르게 합니다.

오디세우스는 가장 뛰어난 전사 12명을 뽑아 거인이 사는 섬에 도착합니다. 전우들은 그에게 폴리페모스의 치즈와 짐승들만 빨리 싣고 도망가자고 합니다. 하지만 오디세우스는 거인을 보고 가자고 고집을 부립니다. 거인의 동굴 안에서 그를 만나려고 기다립니다. 그 동굴의 주인은 퀴클롭스 중에서도 포세이돈의 아들인 폴리페모스였습니다. 그가 동굴로 들어오면서 오디세우스 일행을 못 본 것까지는 좋았는데 엄청나게 크고 무거운 돌덩이로 동굴 입구를 막아버리는 게 문제가 됩니다. 오디세우스 일행은 꼼짝없이 동굴 속에 갇혀버리게 된 것이죠.

> 이봐, 나그네! 나더러 신들을 두려워하거나 피하라고 말하다니 너는 어리석거나 멀리서 왔나보군. 퀴클롭스들은 아이기스를 가진 제우스도 축복받은 신들도 아랑곳하지 않아. 우리가 훨씬 더 강력한데, 뭐.

오디세우스는 거인에게 나그네 대접을 해달라고 했다가 이렇게 핀잔만 듣습니다. 폴리페모스는 오디세우스의 동료 2명을 그 자리에서 잡아먹어버리고 잠이 듭니다. 이때 오디세우스는 거인을 죽이지도 못하죠. 그렇게 하면 입구를 막아놓은 바위를 치울 수가 없으니까요. 그렇다고 가만히 앉아 있으면 거인이 일어나 또 그들을 잡아먹을 판입니다. 진퇴양난입니다.

아니나 다를까 다음 날 아침 거인은 오디세우스의 동료 2명을 또 잡아먹어버립니다. 그리고 바위 문을 닫고 나가버리죠. 이때 오디세우스는 거대한 몽둥이를 뾰족하게 깎고 불에 달궈둡니다. 그리고 거인이 돌아오자 그를 꾀어 포도주를 마셔 취하게 한 뒤에 눈을 찔러버립니다. 그리고 다음 날 거인이 기르는 양들의 배에 매달려 동굴을 빠져 나옵니다.

이 과정에서 그는 6명의 동료를 잃었습니다. 12명 중 절반이 거인에게 잡아먹힌 것이죠. 이 정도 되었으면 조용히 빨리 도망가야 하겠죠? 그런데 오디세우스는 섬을 떠나면서 폴리페모스를 조롱합니다. 그러자 거인은 화가 나서 큰 산의 봉우리를 뜯어 던지고, 오디세우스 일행은 난파당할 뻔합니다. 이제는 그만둬야 할 텐데 오디세우는 한 번 더 거인의 화를 돋웁니다. 이때 폴리페모스는 자신의 아버지 포세이돈에게 기도합니다.

> 오디세우스가 집에 돌아가지 못하게 해주소서. 그러나 그자가 (중략) 고향땅에 닿을 운명이라면 전우들을 다 잃고 나중에 아주 비참하게 남의 배를 얻어 타고 돌아가게 하시고 집에 가서도 고통받게 해주소서!

오디세우스는 이 기도의 내용 그대로 동료들을 모두 잃고 남의 배를 얻어 타고 집에 돌아가지만 고향에서도 갖은 고초를 겪습니다.

오디세우스의 교만함에서 시작한 폴리페모스와의 조우는 교만함으로 끝을 맺습니다. 이 과정에서 그는 소중한 동료들을 잃습니다. 교만함은 인간이 가질 수 있는 최악의 독입니다. 힘들게 어떤 성과를 이루더라도 결정적인 순간에 교만해지면 가지고 있던 것을 다 잃는 경우가 허다합니다.

공중곡예사들이 외줄타기를 할 때 가장 많이 떨어지는 건 언제일까요? 이제 막 줄 위에 올라가서 처음 시작할 때일까요? 외줄의 중간 지점을 통과할 때일까요? 아닙니다. 바로 외줄을 거의 다 타고 마지막 한두 걸음을 내딛으면 되는 바로 그때 가장 많은 실수를 합니다. 마지막 순간에 방심하기 때문입니다. 처음 시작할 때나 한창 줄타기를 할 때는 중심을 잘 잡습니다. 하지만 이제 다 끝났다고 생각했을 때 잘난 체하거나 방심하면 망신당할 수 있는 것입니다.

우리 아이들도 어떤 경우에도 교만해지지 않도록 가르쳐야 합니다. 자신감과 교만함을 혼동해서는 안 됩니다. 자신감은 나 자신을 믿는 마음으로, 한계를 극복하면서 일을 이루게 하는 원동력입니다. 절대적인 믿음입니다. 자신감은 꼭 가져야겠죠. 하지만 교만함은 "이제 됐다.", "역시 나는 다른 사람보다 잘났어."라는 상대적인 우월감입니다. 비교하는 마음이죠. 이렇게 비교하는 마음은 모든 것을 망치게 합니다. 마음속에서는 절대평가만을 해야 합니다. 상대평가는 의미 없습니다.

폴리페모스와 오디세우스의 일화를 단순히 흥미 위주로만 읽지 말고, 이렇게 아이들에게 어떤 내용을 전할지, 어떤 질문을 해볼지 생각하면서 읽어보면 보이는 것이 다릅니다. 이것이 바로 질문하는 책 읽기, 생각하는 책 읽기입니다.

## 삶을 절대적으로 긍정하라

오디세우스는 죽을 고생만 하는 것이 아니라 실제로 죽은 자들의 세상을 방문합니다. 이 이야기를 모티브로 쓴 작품이 로마 시대 베르길리우스의 《아이네이스》입니다. 이 책에서도 주인공 아이네이아스가 저승에 가는 장면이 나옵니다. 고대 그리스, 로마 사람들은 죽음의 세계에 많은 관심을 가지고 있었습니다. 그리스 신화에서 저승을 다스리는 죽음의 신 하데스가 바다의 신 포세이돈과 더불어 제우스와 형제로 묘사되기도 하니 말이지요.

오디세우스가 저승에 가게 된 것은 오디세우스를 유혹했다가 실패한 키르케라는 마녀 때문입니다. 그녀는 그에게 테이레시아스라는 예언자의 혼을 저승에서 만나 고향으로 돌아가는 방법을 물어보라고 조언합니다. 오디세우스는 저승에서 목격했던 테이레시아스를 만나 결국에는 집으로 돌아가게 될 자신의 운명을 듣습니다. 그리고 돌아가신 자신의 어머니뿐 아니라 당대에 유명한 인물들을 차례차례 만나게 됩니다. 그중에서 압권은 트로이 전쟁의 최고 영웅 아킬레우스와 만나는 장면입니다.

> 나는 아직도 아카이오이족(그리스인)의 땅에 가까이 다가가지도 못하고 내 나라를 밟아보지도 못한 채 끊임없이 고통만 당하고 있소. 하지만 그대로 말하면 아킬레우스여, 예전에도 그대만큼 행복한 사람은 없었고 앞으로도 없을 것이오. 그대가 살아 있는 동안 우리 아르고스인들(그리스인들)은 그대를 신처럼 추앙했고, 지금은 그대가 여기 사자들 사이에서 강력한 통치자이기 때문이오. 그러니 아킬레우스여, 그대는 죽었다고 해서 슬퍼하지 마시오.

오디세우스가 아킬레우스에게 "죽은 자들의 통치자인 네가 부럽다."라고 말을 하자 아킬레우스는 이렇게 대답합니다.

> 죽음에 대해 내게 그럴싸하게 말하지 마시오, 영광스러운 오디세우스여! 세상을 떠난 모든 사자들을 다스리느니 나는 차라리 지상에서 머슴이 되어 농토도 없고 재산도 많지 않은 가난뱅이 밑에서 품이라도 팔고 싶소이다.

우리 속담에 "개똥밭에 굴러도 이승이 좋다."라는 말이 있습니다. 아무리 천하고 고생하며 산다고 하더라도 죽는 것보다는 사는 것이 좋다는 의미입니다. 그리스인들도 같은 생각이었습니다. 아무리 그럴

싸하게 꾸며댄다고 하더라도 죽음은 삶에 비할 바가 아닙니다. 살아야지요. 인간의 몸을 갖고 지상에서 살아가는 것이 더 좋은 일입니다. 아킬레우스는 죽어서 왕이 되는 것보다 가난하고 비천하더라도 살아가는 것에 더 큰 가치를 두고 있습니다.

산다는 것은 무엇일까요? 경험입니다. 죽어서는 할 수 없는 경험을 하는 과정이 삶입니다. 삶은 그 자체가 목적입니다. 경험 자체가 목적입니다. 커다란 목적을 이루는 것도 좋겠지만, 주어진 삶을 충만하게 즐기며 살아가는 것 자체를 받아들이면 우리가 살아가며 느끼는 많은 고통은 사라질 것입니다.

고통은 '이래야 한다'는 이상과 그렇지 않은 현실 경험 사이의 간극에서 생겨나는 것입니다. 아킬레우스는 왜 품이라도 파는 머슴이 되더라도 살고 싶다고 했을까요? 품을 파는 머슴에 가치부여를 하지 않은 것입니다. "머슴이 좋다, 나쁘다.", "머슴보다는 왕이 좋다."라는 판단을 내려놓은 것입니다. 삶의 경험에 '꼭 이래야만 하는 것'은 없기 때문입니다. 그저 그 경험이 즐거운 것이죠.

"아빠, 왜 그리스 신화에 나오는 신들은 전부 다 옷을 벗고 있어요?"

얼마 전 초등학생 아들이 그리스 로마 신화와 관련된 책을 읽으면서 진지한 얼굴로 저에게 질문했습니다. 그래도 명색이 고전 독서가인데 그 시대에 옷감이 부족했다고 대답을 할 수는 없잖아요. 그래서 오디세우스와 아킬레우스가 저승에서 만난 이 이야기를 들려주었습니다.

그리스인들은 철저하게 삶을 긍성했습니다. 그들이 신을 모시지만 그 신들은 마치 바이러스와 같습니다. 무슨 말인가 하면 숙주가 없으면 바이러스가 살 수 없듯이, 인간이 전제되지 않은 신은 없다는 것입니다. 그리스의 신은 저 하늘 위에서 우리 눈에 보이지 않는, 형상 없는 신이 아닙니다. 지극히 인간적인 모습을 하고 있습니다. 인간들과 관계를 맺고, 인간들의 전쟁 때문에 서로 편을 나누어 싸우기도 합니다. 인간을 정신적인 숙주로 존재하는 신입니다.

그리스인들은 삶과 인간을 긍정했습니다. 그래서 신의 모습을 인간의 원초적인 모습 그대로, 옷을 걸치지 않은 날 것 그대로의 인간 모습으로 표현한 것입니다.

내 앞에 펼쳐진 삶의 조건을 긍정해보세요. 부모들이 입버릇처럼 "이놈의 직장 때려치워야지.", "내가 어쩌다가 이렇게 살게 되었나."라는 말을 뱉어내면 그런 삶의 태도가 고스란히 아이에게 전이됩니다. 내 삶을 절대적으로 긍정하고 수용하면 바로 지금 이곳에서 행복할 수 있습니다.

## 유혹에 약한 것이 인간이다

《오디세이아》에서 가장 유명한 장면 중의 하나는 아마도 세이렌이 등장하는 장면이 아닐까 하는 생각이 듭니다. 오디세우스와 그의 일행을 유혹하는 세이렌의 모습을 소재로 많은 화가들이 그림을 그렸습니다. 세이렌과 오디세우스의 이야기는 '유혹'이라는 주제에 대해 말할 때 종종 언급되기도 하지요.

세이렌 자매는 노래를 불러 지나가는 뱃사람들을 유혹합니다. 그 소리에 홀려 그녀들에게 가까이 다가갔다가 배가 난파당하고 맙니다. 그래서 그녀들 주위에는 온통 썩어가는 남자들의 뼈가 무더기로 쌓여 있다고 하죠. 오디세우스는 그의 동료들과 함께 세이렌 자매가 사는 섬을 지나치게 됩니다. 그는 그곳을 지나기 전에 동료들에게 이렇게 신신당부합니다.

> 그대들은 돛대를 고정하는 나무통에 똑바로 세운 채 그 자리에서 꼼짝하지 못하도록 나를 고통스러운 밧줄로 묶되 돛대에 밧줄의 끄트머리를 매시오. 그리고 내가 그대들에게 풀어달라고 애원하거나 명령하거든 그때는 더 많은 밧줄로 나를 꽁꽁 묶으시오.

그는 동료들의 귀를 밀랍으로 다 막아버려 세이렌의 노래를 아예 듣지 못하게 차단합니다. 하지만 자신의 귀는 열어둡니다. 원했기 때문이죠. 듣고 싶었던 것입니다. 거인 폴리페모스를 직접 만나보려고 했듯이 세이렌의 유혹이 얼마나 대단한 것인지 한번 확인해보고 싶었습니다. 더불어 자신의 의지도 시험해보고 싶었던 것이 아닐까요? 혹시 몰라 안전장치를 마련해둡니다. 만약 유혹에 넘어가 풀어달라고 애원한다면 오히려 자신을 밧줄로 더 꽁꽁 묶어버리라고 이야기한 것이죠.

> 자! 이리 오세요, 칭찬이 자자한 오디세우스여, 아카이오족의 위대한 영광이여! 이곳에 배를 세우고 우리 두 자매의 목소리를 들어보세요. 우리 입에서 나오는 감미롭게 울리는 목소리를 듣지 않고 검은 배를 타고 이곳을 지나간 사람은 아직 아무도 없어요.
> 그런 사람은 즐긴 다음 더 유식해져서 돌아가지요. 우리는 넓은 트로이아에서 아르고스인과 트로이아인이 신들의 뜻에 따라 겪은 모든 고통을 다 알고 있으며, 풍요한 대지 위에서 일어나는 일은 모르는 것이 없으니까요.

세이렌 자매의 이 노래를 듣고 오디세우스는 어떻게 되었을까요? 네, 예상하는 그대로입니다. 눈짓으로 자신을 풀어달라고 명령합니다. 하지만 충직한 부하들 덕분에 그는 더욱 꽁꽁 묶여 위기를 벗어나게 됩니다.

세이렌은 굉장히 교활하게 오디세우스를 유혹합니다. 오디세우스는 그리스군을 대표하는 지략가였습니다. 10년간 끝이 나지 않던 트로이 전쟁을 '트로이 목마'라는 계략으로 끝을 냅니다. 물론 전투 능력도 어느 정도 있었습니다. 하지만《일리아스》에 보면 실제 전투에서는 포위당해서 목숨을 잃을 뻔한 장면도 나오고 부상도 당합니다. 아킬레우스나 헥토르 같이 전쟁의 판도를 뒤엎을 만큼의 무력을 가진 장군은 아니었습니다. 삼국지로 말하자면 적벽대전에서 오나라 장수 주유처럼 전투능력도 훌륭하지만, 그보다는 지략이 더 뛰어난 인물이었습니다.

그래서 그는 지략으로는 자신을 당해낼 사람이 없다고 자부했을 것입니다. 주변 사람들도 늘 그렇게 오디세우스를 치켜세웁니다. 오비디우스의《변신 이야기》를 보면 그리스군의 최고 장수 아킬레우스가 죽은 뒤에 그의 무구(투구, 갑옷, 방패 등)를 누가 차지할 것인지를 두고 그리스 장수들 사이에 설전이 벌어지는 장면이 나옵니다. 그 설전에서도 오디세우스는 아이아스를 말로 교묘하게 꺾고 무구를 차지합니다. 아이아스는 수치심에 자결하고 맙니다.

이렇게 머리 좋고 계략이 뛰어난 사람은 언제 자존심에 큰 상처를 받을까요? 바로 자기 자신이 누군가의 꾀에 넘어갈 때입니다. 그래서 그는 전쟁에 가기 싫어 미치광이 노릇을 하던 자신의 의도를 간파하고 자신을 꼼짝 못 하게 만든 팔라메데스를 모함해 죽게 만들죠.

그런데 세이렌 자매는 오디세우스의 이 '지식'을 공략합니다. 누구보다도 더 똑똑해지고 싶고, 아는 것이 많기를 바라는 그에게 '지식'을 앞세워 유혹합니다. 자신들과 즐기면 유식해진다고 유혹합니다. 대지 위에서 일어나는 모든 일을 알고 있다고 자랑합니다. 이런 것으로 유혹했다니 신기하죠? 맛있는 음식과 술을 준다거나, 좋은 노래를 들려준다거나, 금은보화를 주는 것이 아니라 누구도 넘볼 수 없는 엄청난 지식을 미끼로 유혹을 한 것이죠.

유혹 앞에서는 겸손해야 합니다. 사람은 누구나 약점을 갖고 있습니다. 완전한 사람이란 없습니다. 특히 남들을 이끄는 리더라면 자신이 무엇에 약한지 누구보다도 잘 파악하고 대비해야 합니다.

미국의 42대 대통령이었던 빌 클린턴은 건국 이래 최장기 경제호황을 이루어냈다고 평가받고, 국민들에게도 많은 사랑을 받았던 대통령이었습니다. 그런데 성추문으로 하루아침에 추락해버렸습니다. 방심한 것이죠. 자신의 약점을 좀 더 잘 파악하고 유혹의 상황을 벗어날 수 있는 안전장치를 마련했어야 합니다. 오디세우스가 자신을 돛대에 묶은 것처럼 말이죠.

삼국을 통일하고 통일 신라를 연 주역인 김유신 장군은 어땠나요? 습관적으로 기생집으로 향하는 자신의 애마를 단칼에 베어버립니다. 사실 잘못은 김유신 장군이 한 것인데 괜히 말이 화를 입었습니다. 김유신 장군은 자신의 약점을 명확히 알고 유혹에 빠지지 않기 위해 단호하게 대비를 한 것입니다.

아이들에게도 이 장면을 읽어주면서 유혹에 대처하는 자세를 알려주면 좋습니다.

## 전략을 짜고 끊임없이 의심하라

《오디세이아》의 후반부 절반은 오디세우스가 자신의 나라에 돌아온 이후의 이야기입니다. 그런데 그는 오자마자 집으로 들어가지 않습니다. 이상하죠? "내가 오디세우스다."라고 말하면서 그냥 뚜벅뚜벅 집에 들어가면 될 것 같은데 그는 왜 그렇게 하지 못할까요?

바로 위협적으로 아내 페넬로페에게 구혼하고 있는 무리들 때문이었습니다. 이들은 말이 좋아 구혼자이지 사실은 왕위찬탈자나 다름없었습니다. 어떻게 해서든 페넬로페와 결혼해서 오디세우스의 지위와 재산을 빼앗으려는 속셈을 가진 사람들인 것이죠.

오디세우스는 먼저 에우마이오스를 찾아갑니다. 에우마이오스는 그의 충직한 부하였습니다. 책에서는 '그의 살림을 가장 잘 보살피는 고귀한 돼지치기'라고 나옵니다. 일꾼들의 우두머리입니다. 오디세우스는 에우마이오스가 아직 주인을 그리워한다는 것을 확인합니다. 참 용의주도한 인물이죠. '이 친구가 아직도 나를 마음속에서 주인으로 섬기고 있는지 아닌지'를 우선 확인하는 거예요.

이타케의 왕좌는 원래 자신의 것이었지만, 20년 뒤에 돌아온 자신을 환영해줄 사람은 거의 없었습니다. 누구도 믿을 수 없는 상황이었죠. 심지어 그의 아내조차도 말입니다. 재미있게도 오디세우스는 끝까지 아내에 대한 의심의 눈길을 거두지 않습니다. 한번 생각해보세요. 20년간 연락도 하지 못하고 집을 떠나 있었고, 수많은 구혼자들이 끈질기게 구혼을 하고 있는 상황이니 아내인들 믿을 수가 있었을까요? 그래서 그는 확실히 '내 편'인 사람부터 확인하고 있는 것입니다.

이때 아버지를 찾아 나섰던 텔레마코스도 아테네 여신의 도움으로 에우마이오스의 오두막에 찾아옵니다.

> "나는 네가 그를 위해 신음하고 많은 고통을 당하고 남자들의 행패를 감수했던 네 아버지이니라!" 이렇게 말하고 그가 아들에게 입 맞추자 눈물이 두 볼에서 땅으로 떨어졌다. 그가 늘 억제하던 눈물이었다.

오디세우스와 텔레마코스가 재회하는 장면입니다. 저는 여기서 '그가 늘 억제하던 눈물'이라는 부분에서 깊은 감동을 받았습니다. 개인적인 편차는 있겠지만, 일반적으로 '아버지'라는 존재는 결코 감정을 쉽게 드러내지 않습니다. 아버지가 20년간 아들과 헤어져 있다가 다시 만났어요. 그동안은 눈물을 억제해 온 것입니다. 트로이 전쟁의 영웅, 그리스의 위대한 이름을 빛낸 백전노장이 아들을 만나 눈물을 흘립니다. 펑펑 우는 것은 아니지만, 눈물이 또르륵 흘러 땅에 떨어질 정도는 되는 것이에요. 이 장면이 기가 막히지 않습니까? 여전히 감정을 억제하면서도 억제하지 못하는 아버지의 눈물입니다.

이렇게 아들에 대한 아버지의 사랑이 잘 드러난 장면이 《아이네이스》에도 나옵니다.

> 아이네아스는 무장한 두 팔로 아스카니우스를 안고는 투구 사이로 아들의 입술 끝에 입 맞추며, (중략) 그는 손으로 거대한 창을 휘두르며 거인처럼 성문 밖으로 달려나갔다.

주인공인 아이네아스가 죽느냐, 사느냐 운명이 걸린 전쟁에서 상처를 입습니다. 보통 사람은 더 이상 싸울 수 있는 상황이 아니었습니다. 그는 어머니인 미의 여신 아프로디테의 도움으로 상처를 치료하자마자 아들에게 입 맞추고 다시 싸움터로 뛰어나갑니다. 자칫 잘못하면 죽을지도 모르는 이 절박한 상황에서 마지막으로 아들에게 사랑을 표현합니다. 투구 사이로 애처롭게 입술을 내밀어 아들에게 입을 맞춥니다.

이 장면을 한번 머릿속에 그려보세요. 피비린내가 진동하고, 군사들의 함성과 비명이 여기저기서 들려오는 전쟁터에서 아버지가 아들을 안고 입을 맞추는 거예요. 아버지의 사랑은 잘 드러나지는 않지만, 그것이 이렇게 표현될 때는 상당히 감동적입니다.

> 구혼자들에 관해 빠짐없이 말하고 그들의 수를 열거해보아라. (중략) 남들의 도움 없이 우리 둘만으로 그들에게 대항할 수 있을지, 아니면 남들의 도움을 구해야 할지 곰곰이 생각하고 심사숙고할 것이다.

오디세우스는 치밀한 전략가답게 텔레마코스를 통해 자신이 상대해야 할 적들에 대한 정보를 정확하게 파악합니다. 그리고 믿을 만한 사람 외에는 끊임없이 모두를 의심합니다.

> 우리는 또 그들 중 누가 우리 두 사람을 마음속으로 존중하고 두려워하는지, 누가 우리를 무시하고 너같이 고귀한 자를 업신여기는지 하인들도 시험해볼 수 있을 것이다.

자신의 집에서 일하는 하인들도 기본적으로 모두 용의선상(?)에 오릅니다. 믿을 수 있는 자인지 아닌지 시험해보겠다는 의도를 내비칩니다. 이미 구혼자들 중에 유력한 자들의 편으로 넘어간 하인들도 있을 테니 말이지요.

이제 너는 누워 자거라. 나는 이곳에 남아 하녀들과 네 어머니를 좀 더 떠볼 참이다.

심지어는 자신의 아내에 대해서도 떠보겠다고 합니다. 의심이 끝이 없습니다. 전반부의 오디세우스와 고향에 돌아온 뒤의 오디세우스는 다른 사람 같아 보입니다. 고향으로 오는 모험의 과정에서 보여준 그의 모습은 당당하고, 지혜롭고 긍정적인 모습입니다. 반면에 고향에 오고 나서는 의심 가득하고 쪼잔한 모습을 보여주고 있습니다. 재미있죠? 그런데 이 의심은 굉장히 현실적입니다. 의심하지 않았다가 잘못되면 자신뿐 아니라 아들의 목숨도 장담할 수 없는 상황이기 때문입니다.

결국 오디세우스는 아들과 충직한 부하들의 도움으로 구혼자들을 모두 물리치는 데 성공합니다. 그리고 아내와 재회합니다.

(페넬로페는) 떨어져 선 채로 사랑하는 남편에게 물어보아야 할지, 가까이 다가가서 머리와 손을 잡으며 입을 맞추어야 할지 (생각했다). 그러나 그녀는 돌 문턱을 넘어 안으로 들어가자마자 오디세우스의 맞은편 벽쪽에 불침을 받으며 앉았다. (중략) 그녀는 줄곧 두 눈으로 그의 얼굴을 빤히 쳐다볼 뿐 여전히 남편을 알아보지 못했으니 그가 몸에 더러운 옷을 걸치고 있었기 때문이다.

이 부분이 굉장히 재미있습니다. 꿈에 그리던 아내와 남편이 서로를 만나는 장면입니다. 그런데 막 뛰어가서 안아 올리거나 격렬하게 껴안는 모습이 아니에요. 오디세우스가 여전히 더러운 옷을 걸치고 있으니, 아내 입장에서는 의심을 할 수밖에 없습니다. 오디세우스의 아내답게 페넬로페도 끝까지 눈앞의 남자가 진짜 남편인지 의심합니다. 그녀는 오디세우스와 자신만이 아는 침상의 비밀-올리브 나무 줄기를 침대 기둥으로 만들어 옮길 수 없음-로 오디세우스를 최종 시험하고 나서야 그를 받아들입니다.

## 스토리 안에 숨어 있는 삶의 지혜를 찾아라

오디세우스의 모험 이야기는 스토리 자체만으로도 재미있습니다. 외눈박이 거인, 세이렌의 유혹, 경솔한 부하들의 배신 등. 하지만 더 중요한 것은 이런 스토리 안에 숨어 있는 삶의 지혜를 찾아내는 것입니다. 퀴클롭스와의 일화에서는 승리에 도취되어 교만하지 말 것을 배울 수 있습니다.

세이렌의 유혹 이야기에서는 유혹에는 겸손해져야 한다는 것, 그리고 유혹에 노출될 때 나를 지킬 수 있는 안전장치를 마련하는 것이 중요하다는 깨달음을 얻을 수 있습니다. 귀향한 오디세우스가 구혼자들을 모두 물리치는 장면에서는 치밀한 전략의 중요성을 알 수 있죠. 그리고 때로는 완벽하게 내 편이라는 확신이 들기 전까지는 끊임없이 의심해야 하는 것도 필요하다는 것을 배울 수 있습니다.

아이들과 고전을 읽을 때 단순히 스토리를 요약하거나 따라가지 말고, 그 속에서 어떤 지혜를 얻을 수 있을지 끊임없이 고민해보세요.

3-6

# 그리스 로마 신화에서 고대인들의 지혜를 얻다

《변신이야기》

## '변신'의 의미

《변신이야기》는 로마 시대 아우구스투스 황제(재위 BC 27년~AD 14년) 시대에 유명한 시인이었던 오비디우스ublius Ovidius Nasō의 작품입니다. 오비디우스는 원래 아우구스투스 황제의 후원을 받으면서 큰 인기를 누리고 있었습니다. 그런데 어찌된 일인지 황제의 미움을 받아 흑해지방으로 유배를 가게 됩니다. 오비디우스는 유배 기간에 외로움을 달래며 대작《변신이야기》를 완성합니다. 이런 사례를 보면 역시 큰 시련이 있어야 고전이 탄생하는가 싶기도 합니다.

《변신이야기》는 헤시오도스의《신들의 계보》, 호메로스의《일리아스》,《오디세이아》등과 더불어 그리스 로마 신화의 원전이라고 할 수 있습니다. 오늘날 우리가 읽고 있는 그리스 로마 신화의 모태가 된 작품이지요.

오비디우스는 '변신'이라는 키워드로 신→영웅→인간의 순서로 그리스 로마 신화를 잘 편집했습니다. 이 책에서 변신은 여러 가지로 활용됩니다. 변신은 기본적으로 신체가 변한다는 것이죠. 왜 변할까요? 변하지 않고서는 견딜 수 없는 상황 때문입니다. 크게 세 가지 정도로 변신의 유형을 구분해볼 수 있습니다.

**첫째, 영원히 기억하기 위한 변신**

미노타우루스의 이야기를 보면 영웅 테세우스가 아리아드네의 도움을 받아 괴물을 쓰러뜨립니다. 미궁에서 빠져나올 수 있도록 아리아드네가 실타래를 준 것이죠. 잔인하게도 테세우스는 이런 아리아드네를 버리고 떠납니다. 이때 비탄에 잠긴 아리아드네를 술의 신 디오니소스가 도와주면서 결혼하게 됩니다. 아리아드네가 죽었을 때 디오니소스는 그들의 사랑을 간직하고 싶어 합니다. 그래서 그가 결혼할 때 신부에게 선물해준 보석이 박힌 금관을 영원한 별들 사이에서 빛날 수 있도록 하늘로 올려 보냅니다. 그것이 별자리가 됩니다. 바로 북쪽의 왕관자리죠.

**둘째, 불합리한 현실이나 권력에의 저항으로써의 변신**

아폴론 신이 숲의 님페 다프네를 쫓아다닙니다. 그런데 다프네는 아무리 신이라도 아폴론이 마음에 들지 않았습니다. 사실 에로스(사랑의 신 큐피트)의 복수로 아폴론은 사랑에 빠지는 화살을, 다프네는 사랑을 내쫓는 화살을 맞은 상태였습니다. 그래서 다프네는 도망가고 아폴론은 쫓아다니는 형국이 되었습니다. 다프네는 도망가다가 결국 아폴론에게 붙잡히게 됩니다. 그런 현실을 벗어나기 위해 다프네는 월계수로 변신해버립니다.

**셋째, 어리석음이나 불경 등에 대한 벌로써 변신**

특히 질투의 화신인 헤라는 제우스가 쫓아다닌 여신이나 여인들에게 이런 벌을 내리는 경우가 많았습니다. 저는 오비디우스는 '변신'을 키워드로 그리스 로마 신화를 정리한 이유가 이 세 번째 변신에 자신의 처지를 투영해서 그런 것이 아닌지 생각해봅니다.

오비디우스는 아우구스투스 황제의 노여움을 사서 유배를 가게 됩니다. 마치 신의 노여움을 사서 원치 않는 모습으로 변신한 인물들처럼 자신도 원치 않는 처지에 놓이게 된 것입니다. 그런데 그것이 정당하다고 생각했을까요, 부당하다고 생각한 것일까요? 아마 후자이지 않을까요? 어리석은 신이 인간에게 변신의 형벌을 내리는 것이 마치 황제가 억울한 자신에게 부당한 벌을 내리는 것과 같습니다.

《변신이야기》에는 재미있는 그리스 로마 신화가 굉장히 많습니다. 그중에서 생각할 거리가 있고, 아이들과 함께 읽어볼 만한 대표적인 에피소드를 소개하겠습니다. 특히 그리스 로마 신화에서 중요한 위치를 차지하는 올림포스 12신-제우스(최고의 신), 헤라(최고의 여신), 포세이돈(바다의 신), 아테나(지혜와 전쟁의 여신), 아폴론(태양/예언/의술의 신), 헤르메스(전령의 신), 아레스(전쟁의 신), 헤파이스토스(대장장이 신), 아르테미스(사냥의 여신), 아프로디테(미/사랑의 여신), 데메테르(땅/곡물의 여신), 디오니소스(술의 신) - 들이 등장하는 이야기를 위주로 살펴보겠습니다.

## 오만함은 불행을 부른다_월계수가 된 다프네

아폴론은 올림포스 12신 중의 하나로 태양, 이성, 예언, 의술의 신입니다. 궁술을 관장하는 신으로도 묘사되기도 해요. 그런 만큼 활에 대해서는 자신이 있는 신입니다. 그런 그가 하루는 에로스가 활을 가지고 있는 것을 봅니다.

에로스는 흔히 큐피트라고 알려진 사랑의 신이죠. 에로스가 쏜 화살을 맞으면 이내 사랑에 빠지게 되기도 하고, 화살의 종류에 따라 사랑을 멀리하기도 합니다. 제우스의 자랑스러운 아들로 12신 중 하나인 아폴론은 에로스를 자신과 동급으로 보지 않습니다.

이 개구쟁이 꼬마야, 전사들이 쓰는 무기가 네게 왜 필요하지? 그런 무기는 내 어깨에나 맞지. (중략) 사랑에 불을 지르는 것으로 만족하고 주제넘게 내 명성에는 끼어들지 말았으면 좋겠어.

아폴론은 이렇게 에로스를 도발합니다. 이 말을 들은 에로스는 어떻게 했을까요? 복수를 합니다. 그는 효력이 다른 화살 두 개를 뽑아 비극을 준비합니다. 에로스는 사랑에 불을 지르는 화살을 아폴론에게 쏘고, 사랑을 내쫓아버리는 화살로는 다프네라는 요정을 맞춥니다.

그러니 어떻게 되었을까요? 아폴론은 다프네가 좋다고 쫓아다니고, 다프네는 그런 아폴론을 피해 도망갑니다. 아폴론이 다프네를 얼마나 좋아했는지 묘사한 부분이 있습니다.

신(아폴론)은 사랑의 화염에 싸였고, 꼭 그처럼 그의 가슴은 온통 불길에 휩싸여 이루어질 수 없는 사랑을 희망으로 키우고 있었다. 아폴론은 다프네의 머리카락이 목 아래로 어지러이 흘러내린 것을 보았다. "빗질이라도 한번 하면 어떨까?"

재미있지 않나요? 우리가 사랑에 빠지면 상대방의 외모에 많은 관심을 갖게 됩니다. 아폴론은 다프네의 머리카락이 흘러내린 것을 보고 빗질을 한번 해보기를 바랍니다. 다프네가 아폴론에게 마음이 있었다면 그 말을 들어줬을지 모르겠지만, 그녀는 도망가기 바빴어요. 말 그대로 '극혐'하고 있기 때문에 자신의 외모에 대한 칭찬마저 진저리가 나도록 싫었을 것입니다.

> 아폴론은 다프네가 숨 돌릴 틈도 주지 않고 그녀의 등 뒤에 바싹 따라붙어 목덜미 뒤로 흩날리는 머리털에 입김을 불어댔다.

내가 싫어하는 상대가 등 뒤까지 쫓아와서 목덜미 뒤 머리털에 입김을 불어대면 기분이 어떨까요? 혐오감으로 죽어버릴 것만 같았을 것입니다. 다프네는 더 이상 도망갈 힘이 없어지자 아버지인 강의 신 페네이오스에게 기도를 합니다.

> 아버지, 저를 도와주세요! 만약 저 강물에 어떤 신성이 있다면 너무나도 호감을 샀던 내 이 모습을 바꾸어 없애주세요!

다프네는 결국 월계수가 되어버립니다. 그런데 이렇게 나무가 되고 나서도 아폴론이 입맞춤을 하자 움츠러듭니다. 에로스의 화살이 정말 효과가 좋았나 봅니다. 나무가 되어서도 끝까지 아폴론을 싫어합니다.

이것이 아폴론의 첫사랑이었습니다. 그의 사랑은 이렇게 비극으로 끝나고 말지요. 이 이야기의 시작으로 다시 돌아가 보면 모든 비극의 원인은 아폴론의 오만함이었습니다. 우스워 보이는 상대에게 괜히 시비를 걸었다가 큰 어려움을 겪는 것입니다.

아이들에게 스토리를 재미있게 이야기 해준 뒤에 "아폴론은 왜 이렇게 힘든 일을 겪었을까?"라고 사건의 원인에 대해 질문을 던져보세요.

## 그칠 때를 알아야 한다_
## 아버지(태양신 헬리오스)의 마차를 모는 파에톤

파에톤은 태양신 헬리오스의 아들입니다. 그런데 사람들이 그 사실을 믿어주질 않았어요. 파에톤은 어느 날 자신이 태양신의 아들이라고 했다가 친구에게 모욕을 당하고 집에 와서 어머니에게 징징거립니다.

> 진정 제가 하늘의 씨앗에서 태어났다면 어머니께서는 제 지체가 그렇게 높다는 증거를 보여주시고, 제가 하늘에 속한다는 주장을 확인해주세요.

아들이 이렇게까지 말하니 어머니는 헬레오스에게 직접 가서 물어보라고 합니다.

> 아버지 포이부스(헬리오스의 별칭)시여, 제게 아버지라고 부를 권리를 허락하신다면, 제게 증거를 주시어, 제가 아버지의 진정한 아들임을 사람들이 믿게 해주시고, 제 마음에서 이 의혹을 벗겨주소서.

아버지를 찾아간 파에톤은 "내가 당신의 아들이라고 사람들이 믿을 수 있게 증거를 보여달라."고 합니다. 이 요구는 어떤 마음에서 비롯된 것일까요? 자신은 이루어놓은 것이 하나도 없습니다. 그런데 고귀한 혈통이라는 것을 남들에게 자랑하고 싶어 합니다.

이렇게 부질없는 헛된 명성을 추구하려는 마음, 열등감을 남의 권위를 빌린 껍데기로 포장하려는 마음에서 모든 비극이 시작됩니다. 아무것도 해놓은 것 없이 자기 자신의 혈통만 믿고 이렇게 오만해지면서 무리한 요구를 한 것입니다. 그는 태양신의 마차와 발에 날개 달린 말들을 하루 동안 몰 수 있게 해달라고 합니다. 세상 사람들에게, 자신을 비웃은 자들에게 자랑하고 싶은 것이죠.

헬리오스는 괴로워합니다. 왜냐하면 아들이 태양신의 마차를 모는 것은 굉장히 위험한 일이거든요. 태양의 열기는 조금만 지구에서 멀어져도 충분한 에너지를 지상의 생명에게 전해줄 수 없습니다. 그리고 조금 가까워져도 지상의 모든 것을 태울 수 있었기 때문입니다. 더욱이 마차의 말들을 제어하는 것은 헬리오스 자신도 쉽지 않은 일이었습니다.

내 아들아, 조심해야 한단다. 내가 너에게 치명적인 선물을 주는 일이 없도록 아직 늦지 않을 때 소원을 바꾸도록 해라. 내 아들임을 확신할 수 있도록 내게 확실한 증거를 요구하는 것이라면, 나는 너를 위해 염려함으로써 확실한 증거를 보이겠다. 내가 아버지답게 염려한다는 사실이 네 아비임을 증명하는 것이다. 네가 내 가슴속을 들여다보고 거기서 아비의 염려를 알아챌 수 있다면 좋으련만!

부자지간임을 증명하는 증거에 대해 아버지와 아들의 생각이 각자 다릅니다. 아버지는 '아들을 염려하는 마음'이 증거라고 합니다. 하지만 아들은 남들에게 알릴 만한 확실한 '자랑거리'를 원합니다. 보이지 않는 마음이 아니라 물질적인 것을 원하는 것이죠. 부모는 마음을 보여주지만 자식은 물질을 원합니다.

너는 선물 대신 벌을 요구하고 있다. 이 어리석은 것아, 왜 이렇게 두 팔로 내 목을 끌어안고 응석을 부리는 게냐? (중략) 너는 더 현명해져야 한다!

아버지가 아무리 충고를 해도 철없는 아들은 듣지 않습니다. 파에톤은 태양신의 마차를 몰고 하늘로 올라갔다가 겁에 질려 고삐를 놓치고 통제권을 완전히 상실합니다. 파에톤은 하늘 꼭대기에서 공포에 질려 무릎이 떨리고 눈앞이 캄캄해집니다.

그 때문에 지상에는 엄청난 혼란이 일어납니다. 대지는 불타기 시작했고 대도시는 잿더미가 되어버렸습니다. 물이 많았던 곳이 다 말라버리고 지구가 온통 불바다가 되었습니다. 파에톤은 그제야 후회하지만, 후회는 아무리 빨라도 항상 늦은 것이죠. 결국 보다 못한 제우스가 벼락을 쓰고 파에톤은 죽음을 맞이하고 맙니다.

파에톤은 그쳐야 할 때를 알지 못했습니다. 헬리오스는 여러 번 아들을 만류합니다. 처음에 소원을 말했을 때 마차 앞에서, 고삐를 손에 쥐어주면서 계속 충고를 하죠. 하지만 파에톤은 헛된 명성에 연연하는 어리석음 때문에 멈출 수 있는 기회를 모두 놓치고 맙니다.

아이들과 "파에톤은 어떤 마음에서 이렇게 고집을 부렸을까?", "파에톤은 자신의 부족한 점을 채우기 위해서 어떻게 했어야 했을까?" 라고 물으면서 어리석음이 어떤 마음에서 온 것인지 이야기해보세요.

## 지나친 분노는 정당성을 인정받을 수 없다_ 아르테미스의 알몸을 본 악타이온

우리나라 설화에 '선녀와 나무꾼'이 있습니다. 사슴을 구해준 나무꾼이 사슴을 통해 선녀들이 멱을 감는 연못이 있는 곳을 알게 됩니다. 그는 선녀의 날개옷을 감추고 선녀와 살면서 아이 둘을 낳습니다. 그때까지도 선녀는 천상을 그리워하죠. 그녀는 나무꾼에게 날개옷을 보여달라고 사정해서 옷을 입자마자 하늘로 날아올라 갑니다.

선녀는 이렇게 나무꾼에게 조금 야속하게 대했지만 끝까지 나무꾼을 미워하지는 않습니다. 두레박을 타고 하늘로 올라온 남편을 다시 맞아주고, 어머니를 보고 싶다는 남편의 부탁을 들어주기 위해 천마 한 마리를 내어주기도 합니다. 이렇게 우리의 선녀는 몰래 알몸을 보고 무례를 범한 나무꾼에게도 끝까지 정을 주고 의리를 지킵니다.

그런데 서양의 여신은 성격이 많이 다릅니다. 사냥과 처녀성의 여신 아르테미스는 실수로 자신의 알몸을 보았다는 이유로 악타이온에게 무서운 벌을 내립니다. 의도적으로 날개옷을 감춘 것도 아닌데 결국 그를 죽음에 이르게 합니다.

> 아르테미스는 옷을 벗은 자신의 모습이 드러나자 마치 기울어지는 석양에 물든 구름 또는 자줏빛 새벽의 여신처럼 얼굴이 빨개졌다. (중략) 여신은 화살을 준비해두지 않은 것을 후회하면서 가진 것은 물밖에 없어 물을 떠서 남자의 얼굴에 끼얹었다.

악타이온은 숲속에서 길을 잃고 우연히 아르테미스와 요정들이 목욕하는 장면을 목격합니다. 아르테미스는 너무 부끄럽고 화가 난 나머지 그를 사슴으로 만들어버립니다. 사슴을 쫓던 사냥꾼에서 하루아침에 사슴이 되어버린 악타이온에게 그의 충실한 부하들이 달려듭니다.

> 그는 망설이다가 개 떼의 눈에 띄었다. (중략) 개 떼는 먹이를 잡겠다고 벼랑과 낭떠러지와 (중략) 바위를 넘어 그를 뒤쫓아왔다. 자신이 종종 사

냥감을 뒤쫓곤 하던 바로 그 장소에서 그는 쫓겨 달아나고 있었다. 아아, 그는 자신이 부리던 것들에게 쫓겨 달아나고 있었던 것이다. "나는 악타이온이다. 이놈들, 주인도 못 알아보느냐?" 하고 소리치고 싶었으나 생각일 뿐 말이 따라주지 않았다.

악타이온이 모습이 변하자 자신의 종이었던 사냥개들이 주인을 알아보지 못하고 달려듭니다. 상황이 변하면 나의 수족이었던 사냥개들이 나를 물 수도 있는 것입니다. 아르테미스가 의도한 것이겠지요. 목숨을 앗아가더라도 곱게 하지 않습니다. 아르테미스는 악타이온의 숨이 끊어질 때까지 노여움을 풀지 않습니다.

이 노여움에 공감이 가시나요? 살다 보면 기막힌 일을 겪는 경우가 있습니다. 누가 봐도 너무 화가 나는 상황이 있을 수 있어요. 하지만 그 화가 지나치면 누구도 공감할 수 없습니다. 처음에는 '그래, 화 낼 만 하네.'라고 생각할 수도 있습니다. 그렇지만 그 정도가 심하면 눈살을 찌푸리게 되겠죠. 화를 내는 그 사람의 인격을 의심하게 되는 것입니다. 지나친 분노는 자신을 불태워버립니다.

아르테미스의 화는 중용을 잃은 지나친 분노입니다. 상대가 의도하지 않은 행동에 대해 죽음이라는 형벌을 내리는 것은 누가 봐도 지나친 처사라고 할 수 있어요. 그런데 그리스 로마 신화에 이렇게 지나치게 분노했던 사례가 꽤 많습니다. 그중 대표적인 것이 바로 트로이 전쟁의 주인공 아킬레우스의 분노입니다.

《일리아스》는 아킬레우스의 분노 이야기입니다. 아킬레우스는 트로이를 공격하러 가는 그리스 연합군에서 가장 뛰어난 장수입니다. 그의 전리품을 연합군 총사령관인 아가멤논이 가로챕니다. 누가 봐도 분노할 상황이죠. 그런데 아킬레우스의 분노는 너무 지나쳐 정당성을 잃습니다. 바로 전장에서 전우들이 죽어 나가는 데도 싸움터에 나가질 않는 거예요. 그러니 다른 전우들이 더 이상 공감하지 못합니다.

그의 분노의 불길은 가장 친한 친구인 파트로클레스가 아킬레우스의 갑옷을 대신 입고 나가 싸우다 죽고 나서야 수그러듭니다. 친구를 잃은 슬픔이 더 컸던 것이죠. 이런 이야기를 연결해서 읽어보면 재미있습니다.

이렇게 고전을 읽으면서 아이들에게 여러 고전을 연결해서 이야기를 들려주면 흥미를 유발할 수 있습니다. 아는 것들이 점점 확장되고 연결되지요. 알고 있는 여러 사실을 연결하면서 차이점은 무엇인지, 공통점은 무엇인지, 어떤 점을 생각해볼 수 있는지, 생각할 거리가 점점 더 많아집니다. 이런 과정에서 창의성이 나옵니다. 부모가 먼저 고전을 많이 읽고 서로 연결해주면 아이들도 자연스럽게 흥미를 갖고 따라올 수 있습니다.

## 무엇이 본질이고, 무엇이 허상인가?_
## 나르키소스와 에코

심리학에 '나르시시즘'이라는 용어가 있습니다. 그리스 로마 신화 중 물에 비친 자신의 모습을 사랑하다가 수선화로 변신해버린 나르키소스의 이야기에서 유래한 말입니다. '나르시시즘'은 자신을 지나치게 사랑하는 '자기애'를 뜻합니다. 자신이 너무 완벽하기 때문에 타인을 사랑하지 못하는 것이지요.

> 그의 부드러운 외모 속에는 강한 자존심이 들어 있어 어떤 젊은이도, 어떤 소녀도 그를 감동시키지 못했다.

나르키소스는 강의 신 케피소스와 물의 요정 리리오페 사이에서 태어난 아들입니다. 열여섯 살에 소년 같기도 하고, 성인 남성 같기도 한 그의 외모에 많은 이들이 빠져들었지요. 특히 '에코'라는 요정이 그에게 푹 빠집니다.

그런데 그는 자존심이 너무 강했어요. 우리가 보통 사랑에 빠지면 어떻게 되나요? 사랑이 싹트기 시작하는 시기에는 자신을 어느 정도 버립니다. 나를 버리고 상대를 중심으로 생각하고 행동합니다. 사랑하는 상대에게서 관심과 사랑을 받기 원하기 때문에 자존심은 조금 내려놓죠. 하지만 자존심으로 똘똘 뭉친 나르키소스는 자신의 마음을 어느 누구에게도 빼앗기거나 통제받고 싶어 하지 않습니다.

손 치워, 껴안지 말고! 그전에 내가 죽는 게 낫지, 나에 대한 권리를 너에게 넘기느니!

에코는 숲에서 함께 놀던 친구들을 찾고 있는 나르키소스를 쫓아다니다가 불쑥 그를 껴안습니다. 이렇게 느닷없는 고백은 보통 퇴짜 맞는 것으로 끝나게 마련이죠. 나르키소스는 자신에 대한 권리를 넘기기 싫다고 말합니다. 이 표현이 의미심장합니다. '나에 대한 권리'라는 것이 무엇일까요? 사랑에 휩쓸리면 내가 나에 대한 통제권을 잃기 쉽습니다. 내 몸, 마음, 시간, 돈 등 많은 권리를 스스로 사랑의 대상에게 넘겨줍니다. 나르키소스는 그렇게 하기 싫다는 것이지요.

에코라는 이름도 재미있습니다. 에코는 뭐죠? 메아리죠. 에코는 남이 한 말만을 그대로 따라 하는 벌을 받은 요정입니다. 스스로 목소리를 내지 못합니다. 자신에 대한 통제권이 없죠. 이름에서부터 이미 사랑에 빠진 요정입니다. 그녀는 매몰차게 거절하는 나르키소스에게 제대로 대꾸조차 하지 못하고 "나에 대한 권리를 너에게 넘기느니!"라는 말만 따라 합니다. 원본이 아닌 복사본, 본질이 아닌 허상, 진짜가 아닌 가짜, 주인이 아닌 노예입니다.

그는 갈증을 식히려다가 그사이에 또 다른 갈증을 느꼈다. 물을 마시다

물에 비친 아름다운 모습을 보고 그것에 끌려 실체 없는 희망을 사랑하게 되었고, 그림자에 불과한 것을 실체로 여겼던 것이다.

나르키소스는 샘물가에서 물을 마시려다가 자신의 모습을 보고 찬탄합니다. 하지만 그가 본 모습은 실상이 아니라 허상입니다. 본질이 아닌 그림자에 불과한 자신의 모습입니다. 그것을 실체로 여기고 집착하는 것은 어리석은 짓입니다.

쉬 믿는 자여, 왜 그대는 달아나는 허상을 헛되이 붙잡으려 하시오? 그대가 좇는 것은 어디에도 없소. 돌아서 보시라. 그러면 그대가 사랑하는 것도 없어질 것이오. 그대가 보고 있는 그것은 반사된 모습의 그림자에 불과하며 그 자체로는 실체가 없소.

이건 누가 한 말일까요? 중간에 작가가 끼어들어 한 말입니다. 어디에도 없는 허상을 붙잡으려고 하지 말라고 충고하고 있습니다. 이것은 작가인 오비디우스가 자신에게 하는 말이 아닐까요?

그는 황제의 총애를 받고 상당한 명예를 누렸던 작가였습니다. 자신의 재주도 뛰어났지만 황제가 뒤에서 밀어주었으니 당시 로마 제국 안에서 두려울 것이 없었을 것입니다. 그랬던 그가 하루아침에 유배지에 쓸쓸하게 버려진 존재가 되어버렸습니다. 이 상황에서 그가 선택할 수 있었던 것은 무엇일까요?

환경은 어떻게 할 수가 없습니다. 우리가 할 수 있는 것은 처해진 상황과 환경에 대한 '시선의 변경'입니다. 여기서 오비디우스는 "돌아서 보시라."고 말합니다. 돌아서 보면 연못에 비친 허상이 없겠죠? 시선을 바꾸면 허상에 미혹되지 않을 수 있습니다.

오비디우스는 나르키소스에게 충고하면서 자신에게도 스스로 이런 말을 건네고 있는 것이 아닐까요? "헛된 명예에 집착하지 말라. 그것은 모두 그림자에 불과하다. 진짜 자신을 깨달아라."고 말이죠. 자신의 실체와 허상을 구분하지 못했던 나르키소스는 결국 수선화로 변해버립니다. 언제나 중요한 것은 본질입니다.

이 이야기의 서두에는 나르키소스의 어머니가 점쟁이에게 아들이 장수할 수 있을지 물어보는 장면이 나옵니다. 그때 예언자는 "그가 자신을 알지 못한다면 오래 살 수 있을 것이다."라고 말합니다. 저는 이 예언자의 말이 조금 모호하다는 생각이 들었습니다. '그가 무엇이 본질이고 무엇이 허상인지' 깨닫는다면 수壽를 다 누릴 수 있다고 이야기하는 것이 더 자연스러워 보입니다.

나르키소스 이야기는 아이들과 함께 읽으면서 '나르시시즘'과도 연결해서 읽어보세요. 그리고 "겉모습이 멋지고 아름다운 사람이 좋아, 아니면 마음이 예쁜 사람이 좋아?", "외모가 오래 갈까? 마음이 오래 갈까?"라고 물어보면서 외모와 마음, 본질과 허상에 대해서도 이야기를 나눠보세요.

## 사랑의 불길에 휩싸이면_퓌라무스와 티스베

셰익스피어의 비극 '로미오와 줄리엣'은 너무나도 유명한 이야기입니다. 집안의 반대로 사랑을 이루지 못한 주인공들이 오해로 자살하는 것이 주된 내용이지요. 로미오는 가사 상태에 있는 줄리엣이 정말로 죽은 줄 알고 독을 마시고 맙니다. 그리고 깨어난 줄리엣은 죽어 있는 로미오의 모습에 슬퍼하다가 단검으로 자신의 가슴을 찌릅니다. 이 로미오와 줄리엣의 원형으로 알려진 이야기가 바로 '퓌라무스와 티스베'입니다.

바빌론 왕국에서 가장 잘생긴 청년인 퓌라무스와 제일 미인이었던 티스베는 이웃에 살면서 사랑에 빠집니다. 그런데 아버지들이 이 사랑을 반대합니다. 이렇게 주변에서 반대하는 사랑은 더욱더 거세게 불타오르게 마련이죠. 두 사람은 두 집 사이의 담장에 있는 좁다란 틈을 발견합니다. 어느 누구의 눈에도 띄지 않은 틈이었지만 사랑에 빠진 이들은 어떻게든 이런 틈을 찾아냅니다. 그리고 이 좁은 구멍을 통해 사랑의 밀어를 속삭입니다.

시기심 많은 담장이여, 왜 연인들을 방해하는 거니? 우리가 서로 온몸으로 결합하도록 네가 허락하거나, 그것이 어렵다면 우리가 입이라도 맞출 수 있도록 조금 열리는 것은 너에게는 얼마나 사소한 일이니?

그들은 이렇게 죄 없는 담장을 나무랍니다. 사랑하는 사람을 만날 수 없게 하면 어떤 일이 벌어질까요? 어떻게든 만날 방법을 찾아냅니다. 퓌라무스와 티스베는 뽕나무가 있는 무덤가에서 만나기로 합니다. 약속 장소에 티스베가 먼저 도착하는데 소떼를 습격했던 암사자가 입에 잔뜩 피를 묻히고 나타난 거예요. 그래서 그녀는 어두운 동굴 안으로 몸을 숨깁니다. 그런데 하필 그때 목도리를 떨어뜨리고 맙니다.

암사자는 티스베가 떨어뜨린 목도리를 피투성이 입으로 갈기갈기 찢어버립니다. 퓌라무스는 아무것도 모른 채 피로 물든 목도리를 보고 티스베가 암사자에게 죽임을 당한 것으로 오해합니다. 퓌라무스는 자기가 먼저 오지 않아서 연인이 죽었다고 자책하면서 자신의 칼로 옆구리를 찌르고 죽고 맙니다.

하룻밤이 두 연인을 죽이는구나. 그녀는 나보다 더 오래 살아야 했는데. 모든 것이 내 잘못이야. 가련한 소녀여, 내가 그대를 죽였소. 내가 그대더러 밤에 이런 위험천만한 곳으로 오라고 해놓고는 먼저 와 기다리지 않았으니 말이오.

사랑에 눈이 먼 퓌라무스는 신중한 판단을 할 수 있는 여유가 없었습니다. 늦게 나온 자신이 미웠겠지요. 티스베에 대한 사랑과 죄책감 때문에 연인의 시체를 찾아볼 생각도 하지 않고 피 묻은 목도리만 보고 성급하게 자신을 해칩니다. '로미오와 줄리엣'에서도 로미오는 가사 상태에 빠진 줄리엣의 모습을 찬찬히 살피지 못합니다. 감정에 휩쓸려 바로 독을 마시고 맙니다. 사랑의 불길에 휩싸이면 정상적인 판단이 쉽지 않은 거 같습니다.

> 불행한 이여, 그대의 손과 사랑이 그대를 죽였군요! (중략) 나는 그대를 따라 죽겠어요. 그러면 내가 그대의 죽음의 가장 애처로운 원인이자 동반자라고 사람들은 말하겠지요. (중략) 너(뽕나무)는 우리 죽음의 휘장을 간직하되 우리 두 사람이 흘린 피의 기념물이 되도록 언제나 애도에 적합한 검은 열매를 맺도록 하라!

티스베도 곧 퓌라무스를 따라갑니다. 그러면서 뽕나무 열매(오디)에게 소원을 빕니다. 영원히 자신과 연인의 사랑과 죽음을 애도하도록 말이죠.

'퓌라무스와 티스베' 이야기는 '로미오와 줄리엣'과 연결해서 아이들과 함께 읽어보면 좋습니다. 그리고 "뽕나무 열매가 왜 검은색인 줄 알아?"라고 호기심을 자극하면서 이야기를 들려줘도 좋습니다.

## 힘을 가진 자의 역린逆鱗을 건드리지 마라_ 아라크네와 여신의 베짜기 경쟁

거미는 곤충일까요? 동물일까요? 거미는 언뜻 보면 벌레 같아서 곤충으로 분류될 것 같지만 사실 절지동물입니다. 우리나라에만 140여 종이 있고 어디서나 흔히 볼 수 있습니다. 아이들이 쉽게 접할 수 있고 많은 관심을 갖는 동물 중 하나입니다. 배에서 실을 뽑아내 집을 잘 지어놓으면 새도 잡아먹고, 곤충도 잡아먹으니 신기해보입니다. 아이들에게 "거미는 왜 죽을 때까지 배에서 실을 뽑는 줄 아니?"라는 질문으로 '아라크네와 여신의 베짜기 경쟁' 이야기를 들려주세요.

그녀(아라크네)의 솜씨에는 언제나 우아함이 깃들어 있었다. 그대는 그녀가 팔라스(아테네 여신)에게 배웠음을 알 수 있었으리라. 하지만 그녀는 그것을 부인했고, 그토록 위대한 선생에게 배웠다는 것을 언짢아하며 "여신더러 나와 겨루라고 하세요. 내가 지면 하라는 대로 하겠어요." 라고 말했다.

평민 출신이었던 아라크네는 베짜기의 달인이었습니다. 신분이나 가문 때문이 아니라 오직 재주 하나로 명성을 얻었습니다. 그녀는 솜씨는 뛰어났지만 오만했죠. 그녀는 아테네 여신에게 베짜기 시합을 하자고 도전합니다.

노령이 가져다주는 것이라고 해서 다 피하려 해서는 안 돼요. 세월과 함께 경험도 쌓이니까. 내 충고를 무시하지 마세요. 양모 다루는 솜씨로 인간들 사이에서는 최대한의 명성을 추구하세요. 하지만 여신에게는 양보하고, 그대가 한 말에 대해 겸손한 목소리로 용서를 구하세요.

아테네 여신은 노파의 모습으로 변신해서 아라크네 앞에 나타납니다. 그리고 한 번 용서 받을 기회를 줍니다. 겸손해지라는 충고를 해주죠. 하지만 아라크네는 제 실력만 믿고 여신에게 막말을 해대고 손찌검까지 하려고 합니다.

그대는 고령에 지쳐 노망이 든 채 내게 왔군요. 너무 오래 산 것이 해가 될 수 있지요. 며느리나 딸이 있으면 그들에게 가서 그런 소리 하세요. 내 일은 내가 알아서 해요.

결국 아라크네와 아테네는 베짜기 경쟁을 합니다. 결과는 어떻게 되었을까요? 아테네가 이기고 아라크네에게 충고를 하는 것으로 아름답게 마무리되었으면 하는 기대가 생깁니다. 그런데 아라크네가 너무 멋진 작품을 만들어버려요. 아테네는 화가 나서 아라크네의 천을 찢어버리고 회양목 북으로 그녀의 이마를 서너 번 칩니다. 아라크네는 목을 메려고 하지만, 아테네가 목숨은 살려주고 거미로 변신시켜 버립니다.

독약이 닿자마자 당장 머리털이 빠졌고, 머리털과 함께 코와 두 귀도 없어져 버렸다. 머리는 줄어들었고 몸체도 줄었다. 가느다란 손가락은 다리 대신으로 그녀의 양옆구리에 매달려 있었다. 그녀의 나머시 부분은 모두 배가 되었다. 하지만 아라크네는 거기서 실을 뽑으며 지금은 거미로서 옛날에 하던 대로 베를 짜고 있다.

'역린逆鱗'이라는 말이 있습니다. '역린'은 '용의 목에 거꾸로 나 있는 비늘'이라는 뜻이에요. 중국의 법가 사상가 한비자가 그의 책《한비자》〈세난〉편에서 역린을 언급하면서 군주에게 유세하는 선비들이라면 왕의 마음을 잘 살피라고 충고했습니다. 용은 권력을 가진 자를 의미합니다. 용을 잘 타면 어떻게 되죠? 승천도 할 수 있습니다. 하지만 용의 목에 거꾸로 나 있는 비늘을 건드리면 용이 싫어하겠죠? 용도 감정이 있는 존재거든요. 자신 위에 올라탄 녀석이 건드리지 말아야 할 것을 건드리면 화가 나 떨어뜨려버립니다.

역린은 건드리지 않는 것이 상책입니다. 아라크네는 애초에 힘과 권력을 가진 아테네와 베짜기 경쟁을 피했어야 합니다. 아테네는 설령 자신이 진다고 하더라도 패배를 인정하지 않을 것이기 때문이죠.

이렇게 아라크네의 이야기는 거미에서 시작해서 한비자의 역린까지 연결해서 아이들과 함께 대화를 나눠볼 수 있는 좋은 재료가 됩니다.

## 돈보다 중요한 것은 지혜다_ 미다스

손대는 일마다 크게 성공하는 능력 있는 사람들에게 흔히 '미다스의 손Midas touch'이라고 합니다. 꽤 긍정적인 의미입니다. 하지만 정작 그리스 로마 신화 속의 미다스는 어리석음의 대명사입니다. 미다스의 이야기는 아이들에게 "한 가지 소원을 이룰 수 있다면 어떤 소원을 빌고 싶니? 왜 그렇지?"라는 질문으로 시작할 수 있습니다.

술의 신인 디오니소스는 술에 취한 그의 스승 실레노스를 잃어버립니다. 그런데 미다스가 그를 찾아주지요. 디오니소스는 그 보답으로 소원을 하나 들어준다고 약속합니다. 미다스는 이때 어리석게도 자신의 몸에 닿는 모든 것을 황금으로 만들어달라는 소원을 빕니다.

> 리베르(디오니소스)는 그(미다스)의 소원대로 해악을 가져다줄 선물을 주며 그가 더 나은 것을 구하지 않은 것을 안타까워했다.

디오니소스는 이 소원을 들어주면서 안타까워합니다. 왜냐하면 충분히 더 좋은 소원이 많은데 미다스가 어리석은 소원을 빌었기 때문입니다. 신에게서 받은 능력이 처음에는 좋아보였지만, 미다스는 그 저주받은 능력 때문에 음식조차 먹을 수 없게 됩니다. 손에 닿는 대로 빵이며, 포도주가 모두 황금으로 변해버렸으니까요.

미다스는 신에게 용서를 구하고, 팍톨로스 강에 죄를 씻고 다시 평범한 인간으로 돌아갔습니다. 그런데 여기서 끝이 아닙니다. 어리석은 사람은 그의 어리석음 때문에 한두 번 곤란을 겪었다고 하더라도 쉽게 지혜로워지지 않습니다. 어지간히 깨어 있지 않고는 자신의 경험을 통해 무엇인가를 깨닫고 삶에 곧바로 적용하는 것은 쉽지 않습니다.

그는 여전히 미련한 사람인지라, 그의 어리석은 생각은 또다시 이전처럼 그 주인에게 해를 끼쳤다.

미다스는 한 번 더 어리석은 행동을 합니다. 음악의 신 아폴론과 전원의 신 판의 연주 대결에 관여하게 됩니다. 그는 음악의 신 아폴론 앞에서 판의 피리 연주가 더 좋다고 합니다. 아테네의 심기를 건드린 아라크네처럼 벌을 받기 딱 좋은 상황이 되었습니다. 결국 미다스는 아폴론의 노여움을 사 당나귀 귀를 가지는 운명이 됩니다.

(아폴론은) 그런 아둔한 귀가 인간의 모습을 하고 있는 것을 참다못해 그 귀를 길게 늘이고는 굵고 거친 잿빛 털로 채우고 나서 귀뿌리를 안정성 없이 만들어 움직일 수 있게 했다. 미다스는 다른 부분에서는 모두 인간이었으나 한 부분에서만 벌을 받아, 느릿느릿 걷는 당나귀의 귀를 갖게 되었다.

미다스의 하인은 이 사실을 구덩이를 파고 조용히 말합니다. 우리가 익히 알고 있는 '임금님 귀는 당나귀 귀' 이야기와 비슷하죠? 세상에 지켜지는 비밀이 있을까요? 구덩이 위에 우거진 갈대숲은 멀리 이 비밀을 퍼뜨리고 맙니다.

지혜로움은 하루아침에 갖출 수 없습니다. 아이들에게 "미다스는 왜 또 어리석은 행동을 했을까?", "너라면 어떤 소원을 빌었을 것 같아?"라고 미다스왕의 이야기를 들려주면서 지혜로움에 대해 이야기를 나눠보세요.

3-7

# 우화는 생각보다 냉혹하다

## 《이솝우화》

《이솝우화》는 어릴 때부터 누구나 쉽게 접해온 이야기입니다. 서양에서는 성서 다음으로 가장 많이 읽힌 책이라고도 합니다. 재미있으면서도 교훈적인 내용이 많아서 어린이용 책으로도 상당히 많이 나와 있죠.

그런데 우리가 알고 있는《이솝우화》는 각색된 이야기입니다. 실제 《이솝우화》 원전 완역본을 읽어보면 이 책이 약육강식의 냉혹함, 날것 그대로의 현실을 적나라하게 보여준다는 것을 알 수 있습니다. 끔찍한 모습을 너무 리얼하게 묘사하기도 합니다. 예를 들어 '족제비와 쇠줄' 이야기를 볼까요?

족제비가 대장간에 들어가 거기 있던 쇠줄을 핥았다. 혀가 문질러지면서 혀에서 피가 줄줄 흘러내렸다. 족제비는 쇠줄에서 뭐가 나오는 줄 알고 좋아했다. 족제비는 결국 혀를 완전히 잃어버렸다.

대장간에 들어간 족제비가 제 혀가 상하면서 피가 나는 줄도 모르고 신나게 쇠줄을 핥다가 혀를 잃습니다. 무언가를 얻을 때는 반대로 무엇을 잃고 있는지 잘 알아야 합니다. 그러려면 깨어 있어야 합니다. 이런 교훈을 얻을 수 있는 이야기이긴 하지만 묘사된 장면을 상상하면 좀 끔찍합니다. 교훈적인 메시지는 좋지만 아이들에게 그대로 들려주기는 부담스러운 내용입니다. 이렇게 여러 가지 이유로 첨삭이 가해질 수밖에 없었고, 우리가 알고 있는 대부분의 이솝 이야기는 더하고 뺀 것이 많습니다.

《이솝우화》는 원전과 아이들용 이솝 이야기 동화책을 연결해서 보기에 아주 좋습니다. 원전 완역본을 사서 아이들과 함께 읽어보세요. 아이들은 어디선가 본 이야기라고 기억하고 이야기책을 들고 올 것입니다. 원전의 이야기와 아이들 책에 나온 이야기를 비교해가면서 읽어보고, 어느 이야기가 마음에 들었는지 대화를 나눠 볼 수도 있습니다. 기본적으로는 교훈적인 메시지가 들어 있기 때문에 짧은 에피소드를 읽고 아이가 무엇을 느끼고 생각하는지 질문하기에도 좋은 이야깃거리가 됩니다. 아주 활용도가 높은 고전입니다.

아이들과 함께 읽어볼 만한 이야기들을 살펴보도록 하겠습니다.

## 남을 바꾸려 하지 말고 있는 그대로의 모습을 인정하라_ 아이티오피아인

어떤 사람이 아이티오피아인(흑인)을 노예로 샀다. 그는 노예의 살빛이 그런 것은 전 주인이 제대로 돌보지 않았기 때문이라고 생각했다. 그래서 그는 노예를 집으로 데려와 하얗게 만들려고 온갖 비누로 문지르고 온갖 방법으로 씻어보았다. 그러나 그는 노예의 살빛을 바꾸지 못하고 과로로 몸져누웠다.

원래 피부색이 검은 사람을 하얗게 만들려고 아무리 노력해봐야 헛수고입니다. 사람의 본래 모습, 심성, 본성은 바꿀 수 없습니다. 있는 그대로의 모습을 인정하고 받아들여야 합니다. 남을 내 입맛에 맞게 바꾸려는 노력은 헛된 시간 낭비인 경우가 많습니다. 어차피 바꿀 수 없는 특성이라면 그대로 수용하는 편이 낫겠죠.

저는 이 이야기를 읽으면서 결혼생활에 대해 생각해봤습니다. 50년 넘게 살던 노부부도 이혼을 할 때는 사유가 '성격 차이'입니다. 성격은 원래 차이가 나는 것이 정상입니다. 수십 년을 함께 살던 가족도 서로 성격이 맞지 않는데 30년 가까이 다른 가정문화에서 자라고, 성별이 다른 두 사람이 성격이 맞을 리 없습니다.

그럼에도 남녀가 결혼하면 마치 이 이야기 속의 주인처럼 내가 원하는 색으로 상대를 바꾸려고 합니다. 아무리 씻겨도 바뀌지 않는데 말이죠. 가정이 평화로워지는 시기는 상대를 내가 원하는 대로 바꾸는 데 성공하는 때가 아닙니다. 서로의 모습을 있는 그대로 인정하고 받아들이는 때입니다. "아, 당신은 원래 색이 검구나."라는 사실을 편안하게 허용하는 그 순간이죠.

아이들과 이 부분을 읽었다면 "왜 주인은 노예의 살빛을 바꾸려고 했을까?", "네가 주인의 친구라면 어떤 이야기를 해주고 싶어?"라고 질문해보세요.

## 나의 욕구를 외면하거나 자신을 속이지 말라_ 여우와 덜 익은 포도송이

굶주린 여우가 나무를 타고 올라간 포도 덩굴에 포도송이들이 매달린 것을 보고 따려 했으나 딸 수가 없었다. 여우는 그곳을 떠나며 혼자 중얼거렸다. '그 포도송이들은 아직 덜 익었어.'

아주 유명한 이야기입니다. 여우가 포도를 먹으려다가 포도 따는 것이 여의치 않자, '저건 덜 익었다.'라고 자신을 합리화합니다. 아주 짧은 이야기이지만 많은 것을 생각할 수 있게 해줍니다.

우리가 새로운 것에 도전하려고 하거나 현재 상황에서 도저히 엄두가 나지 않는 목표를 세우고 한 걸음 내딛으려고 할 때는 다양한 저항이 옵니다.

먼저 내면의 저항이 있습니다. '그냥 가만히 지금대로 살면 편한데, 무슨 부귀영화를 누리겠다고 내가 나를 이렇게 몰아붙이고 힘들게 할 필요가 있을까?', '꼭 이렇게 열심히 살 필요는 없잖아?'라는 생각이 일어납니다. 그래서 이전으로 돌아가려고 하죠.

외부적으로는 주변 사람들, 특히 내가 믿었던 가족이나 친구들의 저항이 아주 거셉니다. 이 이야기에는 외부의 저항에 대해서는 나오지 않지만, 현실에서는 내면에서의 저항만큼 큰 것이 외부의 저항입니다.

나를 힘들게 하지 않고 이대로 지내면 마음은 편합니다. 무난하게, 남들처럼, 지금까지 해왔듯이 지내면 되기 때문입니다. 그리고 내가 욕심이 그렇게 많지 않다는 사실이 자랑스럽고 좀 멋지다는 생각이 들기도 합니다. 다른 사람들이 뭔가를 손에 넣으려고 안간힘을 쓰는 모습이 추잡하다고 느낄 수도 있습니다.

물론 현재 수준에 머무르며 무난하게 사는 것도 나쁘지 않습니다. 크게 가치 있다고 생각지 않는 일을 힘들어하면서까지 할 필요는 없습니다. 불필요하고 과한 욕심이라면 그냥 그 욕심을 버리는 것도 방법입니다.

하지만 쓸모 있고 가치 있는 욕구라면 그것을 추구하는 것이 인생입니다. 분투하는 삶을 살아본 경험 없이 편안함과 무난함만을 추구하는 것이 어떤 의미가 있을까요? '정말로' 내가 원하는 것이 있다면 손에 넣어봐야 합니다. 마음속 깊이 원하면서도 그것을 얻기 위해서 고생스러운 게 싫어서, 나를 극복한답시고 열심히 사는 게 나답지 않은 것 같아서, 애쓰는 내 모습을 비웃거나 부정적으로 이야기하는 주변 사람들의 말을 듣기 싫어서 외면한다면 어떻게 될까요?

마음속 깊은 곳에서는 이루지 못한 것 때문에 불만스럽고, 불안하고, 우울하다면 나를 속이는 것이 아닐까요? 여우는 조금 노력하는 '척'해 보다가 안 되니까 포기합니다. 아예 처음부터 하지 않았다면 합리적인 선택이라고도 할 수 있겠지만, 이렇게 포기하면 자신의 게으름을 포장하고 나를 속이는 것밖에 안 됩니다.

《오디세이아》에서 오디세우스는 사랑하는 가족들 곁에 가기 위해 수많은 고난을 이겨냅니다. 《일리아스》에서 아킬레우스는 명예라는 가치-이것도 일종의 욕구입니다-를 위해 죽음을 불사하고 전쟁에 뛰어듭니다.

내 욕구를 정확히 파악하고, 그것을 외면하지 않는 솔직한 삶을 살아가는 것이 인간적이고 인문적인 삶이 아닐까 생각합니다. 아이들에게 자신의 욕구를 솔직히 바라보고, 가치 있는 욕구를 선택하고, 그것을 이루기 위해 최선을 다하는 삶의 태도의 중요성을 알 수 있게 해 주세요.

## 나를 내려놓으면 모두가 만족할 수 있다_
## 반백의 남자와 작은마누라들

머리가 희끗희끗한 남자에게 애인이 둘 있었는데, 한 명은 젊고 한 명은 늙었다. 나이 많은 여자는 연하의 남자를 가까이하는 것이 창피해서 남자가 찾아올 때마다 늘 남자의 검은 머리를 뽑곤 했다. 한편 젊은 여자는 애인이 늙은 것이 싫어서 그의 흰머리를 뽑았다. 그리하여 그는 두 여자에게 번갈아 머리털이 뽑혀 대머리가 되었다.

아주 재미있는 이야기입니다. 저도 언젠가 이 이야기를 아이와 함께 읽으면서 깔깔대면서 웃었어요. 이야기 속에서 남자가 대머리가 된 것이 웃기기도 하고 슬프기도 합니다. 이 이야기에서 어떤 대화를 이끌어 갈 수 있을까요?

남자가 대머리가 되어버린 것이 나쁘다는 관점에서 보면 남자의 우유부단함을 탓할 수 있습니다. 모두를 만족시키려다가 자신이 손해 본 것입니다. 남자가 애초에 어느 한쪽을 선택했다면 자신이 대머리가 되는 불상사는 없었을 것입니다. 서로 상극의 성질을 가진 사람들을 한 배에 태우면 어떻게 될까요? "이리 가자, 저리 가자!"라고 싸우다가 목적지에 가지 못하고 헤매다 사고를 당할 수도 있습니다. 애초에 서로 맞지 않는 것은 함께하면 안 됩니다. 두 마리 토끼를 잡지 말고 하나를 선택해야 하는 것입니다.

반대로 납지가 대머리가 되는 것을 감수하고서라도 두 여자를 만족시킨 것을 칭찬할 수도 있습니다. 사랑하는 사람을 위해 자신이 희생한 것이죠. 한 사람은 흰 머리를 뽑고, 한 사람은 검은 머리를 뽑으면 결과는 뻔합니다. 대머리가 되는 것이죠. 납지는 그 사실을 알면서도 머리를 뽑는 각자의 심정을 알고 있었기 때문에 묵묵하게 감당해냅니다. 자신이 조금 불편하면 모두가 행복해질 수 있으니 그렇게라도 하는 방법을 택한 것이죠.

이렇게 같은 이야기를 읽더라도 여러 가지 관점에서 바라보고 해석할 수 있습니다. 이솝 이야기를 만만하게 보지 마시고, 이렇게 아이와 대화를 나눌 방향을 미리 생각하고 메모한 뒤에 함께 읽어보세요.

## 하늘은 스스로 돕는 자는 돕는다

아테나이의 어떤 부자가 다른 승객들과 함께 항해를 하고 있었다. 세찬 폭풍이 일어 배가 뒤집히자 다른 사람들은 모두 살기 위해 헤엄쳤다. 그러나 아테나이 부자는 계속해서 아테나 여신을 부르며 자기를 구해주면 수없이 많은 제물을 바치겠다고 서약했다. 난파당한 사람들 가운데 한 명이 그의 옆에서 헤엄치다가 그에게 말했다. "아테나 여신에게 도움을 청하는 것도 좋지만, 당신 손도 움직여야죠."

부모로서 아이들에게 전해줄 수 있는, 세상을 살아가는데 가장 중요한 가치관은 무엇일까요? 각자의 생각과 깨달음에 따라 다를 수 있겠지만, 저는 '자립심'이라고 생각합니다. 누구나 살아가면서 타인에게 기대고 의존하는 마음을 먹기 쉽습니다. 인생이라는 항해는 만만치 않습니다. 누군가가 도와주면 좀 쉽게 풀리기도 합니다. 하지만 진짜 내 인생을 살아가려면 타인에게 의존하는 마음을 조금이라도 품고 있으면 안 됩니다.

세상은 자신의 힘으로 헤쳐 나가야 합니다. 물론 그 과정에서 선의의 도움을 받을 수 있으면 좀 쉽게 갈 수 있습니다. 하지만 그런 것은 덤입니다. 애초에 기대를 하지 말고 내 힘으로 간다고 생각해야 합니다. 그렇지 않으면 남을 원망하게 됩니다. "나는 가난한 부모를 만나서 이 고생이다.", "남들은 다들 쉽게 사는 것 같은데 내 인생만 왜 이러냐.", "흙수저는 평생 흙수저다."라는 식입니다. 눈앞의 불만스러운 상황에 대한 책임을 남에게 돌리는 사람은 성공, 행복과는 거리가 먼 삶을 살게 됩니다.

《자조론》, 《인격론》, 《검약론》, 《의무론》 등의 저서를 통해 개개인의 개혁을 시도했던 스코틀랜드의 작가 새뮤얼 스마일즈Samuel Smiles는 "자립정신이야말로 진정한 성장의 뿌리다."라고 말하며 자립심Self-Help을 강조했습니다. 진정한 성장을 위해서는 남에게 의존하는 마음을 가져서는 안 됩니다. 성장은 스스로 하는 것입니다.

"의자에도 기대지 마라."는 제가 예비 작가님들을 위한 강의나 고전 특강 마무리에 꼭 강조하는 말입니다. 그 무엇에도 기대거나 의존하지 말라는 것입니다. 누구나 마찬가지이지만, 특히 자기 생각을 생산해내는 삶을 살아가야 하는 작가들은 절대로 의존하는 마음을 가져서는 안 됩니다. 내 저서를 통해 타인들에게 긍정적인 영향을 주려면 내 힘으로 똑바로 설 수 있어야 합니다. 책 쓰기 코칭을 할 때도 이런 점을 지속적으로 강조합니다. 그래야 책 한두 권 쓰고 포기해버리지 않고, 꿋꿋이 작가의 길을 갈 수 있기 때문입니다.

아테나이의 부자는 어떤 문제가 생겼을 때 자신의 손을 움직이는 것을 먼저 하지 않고 아테네 여신을 먼저 찾았습니다. 상황을 돌파하는 키를 자신이 쥐고 있다는 생각을 하지 않고 남이 갖고 있다고 생각하기 때문입니다. 아이들에게 자립심의 중요성에 대해 이야기해주세요. 하늘은 결국 스스로 돕는 자를 돕습니다.

## 지나친 분노의 화살은 결국 자신에게 돌아온다

어떤 사람이 자기를 해코지했다는 이유로 여우에게 원한을 품고 있었다. 그는 실컷 앙갚음하려고 여우를 붙잡아 기름에 담갔던 밧줄을 꼬리에 매달고 거기에 불을 붙인 다음 풀어놓았다. 그러나 어떤 신이 그 여우를 풀어놓은 사람의 밭으로 인도했다. 때는 마침 수확기라 그는 울면서 뒤쫓아갔건만 아무것도 거두지 못했다.

무엇이든 적절한 선이 있습니다. 감정도 지나치면 나에게 해가 되는 경우가 많습니다. 앞서 살펴본 것처럼 그리스 로마 신화에서도 이에 관한 이야기들이 있었습니다. 트로이 전쟁에서 아킬레우스가 자신의 전리품을 빼앗긴 것에 대해 지나치게 분노함으로써 결과는 어떻게 되었나요? 자신의 가장 친한 친구인 파트로클로스가 죽고 맙니다. 아르테미스 여신은 자신의 알몸을 보았다는 이유로 악티온을 그의 사냥개에게 잡아먹히게 합니다. 그 결과로 그녀는 잔인하다는 악명을 얻게 되죠.

역사적으로도 지나친 분노의 결과는 당사자의 불행을 초래하는 경우가 많습니다. 나관중의 《삼국지연의》를 보면 촉의 황제 유비가 아우인 관우를 오나라에 잃고 나서 지나치게 분노하는 장면이 나옵니다. 분노로 이성을 잃죠. 그에게는 천하통일이고 뭐고 일단 관우를 죽인 오나라를 불바다로 만드는 것이 지상최대의 과제가 되어버립니다.

하지만 당시 촉의 상황에서는 오와 손을 잡고 위를 공격하는 것이 맞는 방향이었습니다. 하지만 유비는 분노 때문에 참모들의 말에 귀를 닫았습니다. 결국 오나라와 큰 전쟁을 하게 되지요. 그때 전쟁 준비를 하던 아우 장비마저 부하의 배신으로 죽습니다. 이 사건으로 유비의 분노는 더욱 걷잡을 수 없게 됩니다. 이제는 정말 아무도 못 말릴 상황까지 된 것입니다. 결국 유비는 오나라를 상대로 큰 전쟁을 일으켰고, 이릉 전투에서 참패해 최후를 맞이합니다.

누군가가 나에게 잘못을 했는데 내가 복수할 수 있는 기회가 온다면 어떻게 행동하는 것이 좋을까요? 화를 있는 대로 풀고 실컷 앙갚음하는 것이 능사는 아닙니다. 분노나 처벌이 과하면 반드시 해를 입게 마련입니다. 오히려 이런 상황에 아량을 보여준다면 사람들의 존경을 받을 수 있습니다.

《삼국지연의》에서 조조는 간웅奸雄, 즉 간사한 영웅으로 묘사됩니다. 하지만 그는 상황에 따라 아량을 보여줄 때도 있었습니다. 조조는 일생일대의 라이벌 원소를 관도대전에서 이기면서 본격적으로 헤게모니를 장악하게 됩니다. 그런데 관도대전 당시 군세는 오히려 원소가 훨씬 강했습니다. 그러니 조조 밑에 있던 장수나 군사들의 마음이 흔들릴 수밖에 없었을 것입니다. 조조의 부하들 중 상당수가 원소와 밀서를 교환하며 이리 붙을까 저리 붙을까 고민했습니다. 조조는 전쟁에서 승리한 후 이 밀서를 확보하게 됩니다.

일반적으로 생각하면 다음 수순은 뭘까요? 밀서를 하나하나 확인해서 적과 내통한 배은망덕한 부하들을 처단했어야 합니다. 그런데 조조는 오히려 그 밀서를 모두 불사르면서 그들을 용서합니다. "이런 난세에서는 마음이 흔들릴 수도 있다."라고 말하며 오히려 그들을 품어주었습니다. 사실 속으로는 엄청나게 화를 냈을 것입니다. 하지만 그렇게 아량을 보임으로써 수많은 인재들을 끌어 모으게 됩니다.

분노는 폭발하는 것이 아니라 조절하는 것입니다. 감정을 잘 조절하는 사람과 그렇지 못한 사람의 삶은 분명히 차이가 있습니다.

## 생활력 있는 사람이 되어라

어떤 천문학자가 저녁마다 별을 보러 가는 습관이 있었다. 하루는 그가 교외에 나가 열심히 하늘을 관찰하다가 부지불식간에 우물에 빠졌다. 천문학자가 울면서 소리 지르자 지나가던 행인이 신음하는 소리를 듣고 다가왔다가 어찌 된 일인지 알고는 말했다. "이봐요, 당신은 하늘에 있는 것들을 보려다가 땅에 있는 것들은 보지 못했구려."

천문학자가 하늘의 별은 잘 보았지만 정작 자기 발밑에 있는 우물은 제대로 보지 못했습니다. 지나치게 이상만 추구하는 사람은 현실을 등한시하기 쉽습니다. 하지만 아무리 높은 이상을 추구한다고 하더라도 자기 앞가림을 제대로 하지 못하면 쓸모없는 사람이 될 수 있습니다.

소크라테스는 '아테네 시민들의 각성'이라는 자신의 소명을 이루기 위해 동분서주했지만, 당대에 크게 인정받지 못했습니다. 오히려 희극의 소재가 되어 사람들에게 비웃음을 받았습니다. 당시에 아테네 사람들은 집에 돈을 벌어다 주지 못하고, 다음 끼니도 어떻게 될지 알지 못하는 그를 한심하게 바라보았습니다. 소크라테스가 조금만 더 전략적으로 접근했다면 어땠을까요? 조금만 더 현실에 신경을 쓰면서, 사회적으로 인정을 받으면서 좋은 영향력을 전했다면 그가 이루고자 했던 뜻을 이룰 수 있지 않았을까요?

뜨겁게 이상을 추구하되 현실은 차가운 눈으로 바라봐야 합니다. '가슴은 뜨겁게, 머리는 차갑게'라는 말이 있듯이 말이죠. 인간의 몸을 가지고 태어난 이상 먹고사는 문제, 현실적인 일에 관심을 가지지 않으면 안 됩니다.

앞서 소개한 영재교육의 아버지 칼 비테 목사는 아이에게 생활력을 길러주는 것에 많은 노력을 기울였습니다. 아들이 일곱 살 때 하루는 엄마가 몸이 아파 누워 있었습니다. 칼 비테 목사는 외출 중이었죠. 아침에 눈을 뜬 아이는 엄마는 누워 있고, 자신은 할 줄 아는 것이 없으니 마냥 아버지를 기다렸습니다. 집에 돌아온 칼 비테는 가족들을 위해 멋지게 요리를 합니다. 이것을 보고 그의 아들은 "많이 배운 사람은 요리를 못 해도 된다고 생각했다."라고 말합니다. 이 말에 칼 비테 목사는 "난 네가 훌륭한 사람이 되기를 바라는 동시에 기본적인 일상생활에도 충실하길 바란단다. 머리가 아무리 똑똑해도 생활력이 없는 사람은 아무짝에도 쓸모가 없어."라고 대답했습니다.

자녀교육에서도 중요한 것은 바로 '자기 앞가림을 하는 아이'로 만드는 것입니다. 어릴 때부터 자기 일을 스스로 하지 않고 항상 부모가 옆에서 붙어 있어야 하는 아이는 커서도 의존적이 됩니다. 당장 생활을 위해 결정해야 하는 작은 일들을 스스로 결정하지 않으면, 자기 발밑의 우물을 못 보는 천문학자처럼 자기 앞가림도 제대로 하지 못하는 쓸모없는 사람이 될 수 있습니다.

## 나답게 살아가라

솔개는 말이 멋있게 우는 소리를 듣고 말을 흉내 냈다. 솔개는 아무리 노력해도 말의 울음소리를 제대로 배울 수가 없었고, 그러는 사이에 제 목소리마저 잃어버렸다. 그래서 솔개의 목소리는 말의 목소리도 아니요 자신의 옛 목소리도 아닌 것이다.

갈까마귀는 제가 못생긴 것을 알고는 강가로 가서 새들이 떨어뜨린 깃털을 모아 제 몸에 붙이고 입혔다. (중략) 화가 난 새들이 갈까마귀에게서 저마다 제 깃털을 뽑았다. 그래서 그는 깃털을 벗고 도로 갈까마귀가 되었다.

주변 지인들에게 물어보면 가장 많이 읽는 책의 종류가 자기계발서나 남의 성공스토리가 담긴 책이라고 대답하는 경우가 많습니다. 물론 다른 사람의 성공 사례를 참고하고, 비슷하게 따라 해보는 것은 발전에 도움이 됩니다. 하지만 모두 자기만의 방식이 있습니다. 다른 사람이 어떤 방식으로 성공했다고 하더라도 그것이 나에게 맞는 방법이라는 보장은 없습니다. 오히려 나답지 않은 방법을 따라 하다가 자신의 본 모습마저 잃어버릴 수 있습니다. 이 이야기에 나오는 솔개처럼 자신의 원래 목소리마저 잃을 수 있는 것이죠.

대학에 다닐 때 저는 몇 년간 행정고등고시 준비를 했습니다. 최대한 빨리 합격을 하고 싶었던 저는 합격수기를 많이 찾아서 읽어보았습니다. 합격수기에서 찾아낸 공통적인 공부방법이 바로 '단권화'라는 것이었습니다. 단권화라는 것이 처음에는 꽤 시간이 많이 걸리지만 나중에는 시간을 아껴주는 공부방법이라 저는 그 방법을 따라서 해보았죠.

예를 들어 행정법을 공부한다고 하면 행정법에서 가장 기본이 되는 교과서 같은 책을 한 권 선정합니다. 이 책을 기본서라고 합니다. 그리고 참고서나 문제집을 공부하면서 그 기본서에 보강할 만한 내용이 나오면 전부 여기에 붙여서 정리를 하는 것입니다. 처음에는 공부하면서 이것저것 찾아서 써 붙여야 하니 시간이 많이 걸립니다. 하지만 나중에 시험에 임박해서는 기본서만 잘 훑어보면 되기 때문에 효율성을 높일 수 있는 장점이 있습니다.

그런데 저는 책을 빨리 여러 번 읽으면서 핵심을 뽑아 키워드 중심으로 노트에 정리하는 공부방식을 선호했습니다. 중고등학생 때도 이런 식으로 노트에 키워드 중심으로 정리해서 공부를 해왔었거든요. 노트에 뭔가를 정리할 때도 주요 이슈나 기출문제를 중심으로 정리하는 방식을 좋아했습니다.

그런데 단권화라는 작업을 해보니 완전 막노동이었습니다. 특히 전체 그림이 아직 그려지지 않은 상태에서 여기저기 참고서 내용을 한 권에 정리하려다 보니 힘만 들고 진도가 잘 나가지 않았습니다. 하지만 이 방법이 '공인된(?)' 방법이라는 생각에 '그래도 참고 해보자.'라는 생각으로 무식하게 공부를 했지요. 결과는 좋지 않았습니다. 나중에는 써먹지도 못할 단권화한 책만 쌓이고 제 공부 스타일대로 공부도 하지 못하고 몇 차례나 시험에서 떨어지기만 했습니다.

우리 아이들이 살아가는 시대는 정보가 흘러넘치는 시대입니다. 인터넷에서 몇 분만 검색해보면 어지간한 일은 다 처리할 수 있습니다. 세분화된 분야에 수많은 전문가가 넘쳐납니다. 이런 세상에서는 내 스타일과 본성을 정확하게 파악하고 있는 것이 중요합니다. 내 개성이 무엇인지, 나는 무엇을 좋아하는지 알지 못하고 정보에 무방비 상태로 노출되면 어떻게 될까요? 지금은 자기 자신에 대한 이해가 무엇보다도 중요한 시대입니다.

나의 스타일을 알려면 내면과의 대화가 중요합니다. 나는 무엇을 원하는가? 나는 어떤 것을 좋아하는가? 나는 어떤 일을 하면 쉽게 피로해지고 싫증을 내는가? 내가 남들보다 적게 노력해도 많은 성과를 내는 분야는 무엇인가? 이런 것들을 스스로에게 자주 물어보고 답을 하나하나 쌓아가야 합니다. 본성을 잃지 말고, 남들이 좋다고 이야기하는 것들에 휩쓸리지 않고 살아야 결국에는 더 편안한 삶을 살 수 있습니다.

아이들과 고전을 읽으면서 자기를 성찰하는 질문을 종종 던져주세요. 활자를 읽기만 하는 것에서 벗어나 일기와 편지 등 자신의 생각이 들어간 글을 많이 쓸 수 있게 해주세요.

## 사람의 본성은 쉽사리 변하지 않는다

올가미에 걸린 까마귀가 아폴론에게 향을 피워드리겠다고 서약했다. 그러나 위험에서 벗어나자 까마귀는 서약을 잊어버렸다. 얼마 후 또다시 올가미에 걸린 까마귀는 아폴론을 무시하고 이번에는 헤르메스에게 제물을 바치겠다고 서약했다. 헤르메스가 까마귀에게 말했다. "이 못된 까마귀야, 전 주인을 배신한 너를 내가 어찌 믿겠느냐?"

까마귀가 한번 아폴론과의 서약을 어긴 뒤에 헤르메스에게 아첨을 떱니다. 하지만 영민한 헤르메스는 속지 않습니다. 헤르메스는 한번 누군가와의 약속을 저버린 자는 언제든 다시 그럴 수 있다는 것을 알고 있었기 때문입니다.

나관중의 《삼국지연의》에 보면 배신의 대명사로 여포라는 인물이 나옵니다. 그는 일대일 싸움에서는 누구에게도 지지 않는 무력을 갖고 있었습니다. 하지만 재물의 유혹에 약하고 권력욕에 눈이 멀어 인간된 도리를 지키지 않습니다. 그는 자신의 윗사람을 배신하는 걸 밥 먹듯 했습니다.

처음에 여포는 하내의 병주자사 정원에게 중용됩니다. 하지만 정원을 배신하고 당시 최고의 권력자인 동탁의 양아들이 됩니다. 조정의 실권을 놓고 정원과 동탁이 다투자 동탁 쪽이 좀 더 비전이 있어 보인 것이죠. 그는 동탁도 금세 배신합니다. 사도 왕윤과 함께 동탁을 제거하고 권력을 잡으려고 했지만, 동탁의 잔당인 이각과 곽사에게 패해 쫓겨나게 됩니다. 그는 이후 원술, 원소, 장막 등에게 의탁하다가 서주의 유비에게까지 옵니다. 그런데 여포는 유비와 원술이 전쟁하는 혼란한 틈을 타서 유비를 배신하고 그의 본거지를 빼앗습니다.

이후 조조의 공격을 받은 여포는 사로잡히는 신세가 됩니다. 이때 여포가 조조에게 목숨을 구걸하자, 조조는 여포를 살릴지 말지 유비에게 의견을 묻습니다. 유비는 이렇게 대답했을까요? 딱 헤르메스와 같은 대답을 합니다.

조조 : 유 장군은 이에 어찌 생각하시오?

유비 : 명공(조조)은 여포가 섬기던 정건양(정원)과 동태사(동탁)의 일을 잊으셨습니까?

전에 섬기던 주인을 배신했던 일을 잊지 말라는 말입니다. 누군가를 한 번 배신한 사람은 이후에 다시 다른 사람을 배신할 가능성이 높습니다. 사람의 본성은 쉽게 변하지 않습니다. 강아지 꼬리를 일자로 쭉 펴서 대나무 통에 며칠 넣어두더라도 빼내면 다시 말리게 마련입니다. 한 번 굳어진 인성은 변하기 쉽지 않습니다.

여포와는 정반대의 성향을 가진 인물이 있습니다. 바로 관우입니다.

유비와 의형제였던 관우는 불리한 상황에서도 절대 유비를 배신하지 않습니다. 상황논리로 의義를 저버리지 않았습니다. 그는 조조에게 항복한 일이 있었습니다. 이때 "유비의 소식을 들으면 두 형수님을 모시고 유비에게로 간다."라는 조건으로 항복했습니다. 그리고 원소의 장수 안량과 문추를 베어 공을 세워 빚을 갚고, 유비를 찾아 조조를 떠납니다. 조조가 하사한 수많은 재물을 그대로 두고 말이죠. 관우는 죽는 그 순간까지 유비에 대한 의리를 지킵니다.

조금 불편한 사실이기는 하지만 아이들에게도 현실의 냉혹함을 알려줄 필요가 있습니다. "사람의 성정은 변하지 않는다."라고 말입니다. 마냥 사람 좋기만 해서는 남들에게 이용당할 수 있습니다. 나에게 웃으면서 접근하는 사람들이 모두 좋은 사람은 아닙니다. 그 사람의 본질을 정확하게 꿰뚫어보고 대처해야 합니다.

## 아이는 부모의 등을 보고 자란다

어미 게가 새끼 게에게 이르기를, 모로 걷거나 젖은 바위에 옆구리를 문지르지 말라고 말했다. 새끼 게가 말했다. "엄마, 나를 가르치려거든 먼저 엄마부터 똑바로 걸어보세요. 내가 보고 따라 하게요!"

부모로서 뜨끔해지는 이야기입니다. 아이들이 부모나 선생님의 조언이나 충고를 듣지 않는 이유는 그렇게 가르치는 어른들이 모범을 보이지 않기 때문입니다. 가장 좋은 자녀교육법은 부모가 본을 보이는 것입니다. 부모가 먼저 아이가 잘 되길 바라는 모습대로 말하고 행동하고 살아간다면 굳이 잔소리를 하지 않아도 아이들이 그대로 따라 합니다.

유아교육의 아버지 프뢰벨Friedrich Wilhelm August Fröbel은 "교육은 사랑과 본보기다. 그 밖에는 아무것도 아니나."라고 말했습니다.

보통 자녀교육을 이야기할 때 자칫 빠지기 쉬운 착각이 있습니다. 그것은 바로 많은 돈을 들여서 좋은 선생님을 만나게 해주어야 한다는 것입니다. 물론 어느 정도는 맞는 말입니다. 훌륭한 스승을 만나게 해서 아이에게 긍정적인 자극을 주는 것은 교육적으로 가치 있는 일입니다.

하지만 선생님보다 중요한 것은 부모입니다. 아무리 훌륭한 선생님이라도 집에서 함께 생활하지 않은 한 아이와 접촉하는 시간은 얼마 되지 않습니다. 기껏해야 일주일에 몇 시간 정도이지 않을까요? 중요한 것은 부모입니다. 부모는 아이와 먹고, 자고, 함께 생활합니다. 아이에게 절대적인 영향을 주는 존재는 부모입니다.

아이는 부모의 모습을 그대로 보고 배웁니다. 누구보다도 부모에게 많은 영향을 받죠. 프뢰벨의 말처럼 교육은 부모가 본보기가 되는 것이 중요합니다. 그리고 그 밑바탕에는 사랑이 깔려 있어야 합니다. 아이를 나의 열등감을 덮거나 자존심을 지키기 위한 존재로 이용해서는 안 됩니다.

신기하게도 아이들은 부모들의 참된 모습과 거짓된 모습을 바로 구분해냅니다. 거짓된 모습으로 꾸미려고 하지 말고, 부모의 삶이 먼저 '진짜'가 되어야 합니다. 부모의 자기계발이 아이의 미래입니다. 성장과 성숙을 위해 분투하지 않는 부모는 가난하고 평범한 사고 수준과 삶을 물려줄 뿐입니다. 부모라면 아이의 본보기가 되는 것이 가장 중요합니다.

3-8

# 무엇보다 먼저 뜻을 세워라

《격몽요결》

## 큰 뜻을 품은 사람이 큰 사람이 된다

율곡 이이는 퇴계 이황과 함께 조선시대 성리학의 기틀을 마련한 학자로 조선 최고의 천재 중 한 명입니다. 13세에 진사 초시에 장원급제한 이후에 모두 아홉 번이나 과거에 장원급제하는 대기록을 세워 구도장원공九度壯元公으로 이름을 날렸습니다.

율곡은 자신의 어머니 신사임당에게 기본적인 경전에 대해 가르침을 받은 것 외에는 누구에게도 학문을 배우지 않았습니다. 어머니와는 스승과 제자로, 사랑하는 모자지간으로 애틋한 정이 있었습니다. 그런데 율곡이 16세 되던 1551년에 신사임당이 별세합니다. 효심이 지극했던 율곡은 3년 시묘살이를 합니다. 시묘살이가 끝난 19세에는 삶의 비밀을 풀기 위해 금강산에 입산해서 불교를 공부합니다.

그렇게 방황을 끝내고 20세에 외할머니가 계신 강릉으로 돌아와 자경문自警文을 짓습니다. 율곡이 자신을 경책警責하며 수양의 조문으로 삼고자 지은 것입니다. 이 자경문 속에는 율곡이 품은 뜻, 학문하는 이유와 자세에 대해 잘 나와 있습니다. 20세에 쓴 자경문과 42세에 지은《격몽요결》의 결이 비슷합니다. 22년간 초지일관한 자세로 살았던 선비의 정신을 느낄 수 있지요. 자경문에는 아이들에게 전해주면 좋은 내용도 많고, 필사하기에도 좋은 문장이 많아 그 핵심을 소개합니다.

## 자경문自警文

(1) 먼저 그 뜻을 크게 가져 '성인'을 나의 표준으로 삼아라. 털끝만큼이라도 성인에 미치지 못한 동안은 내 할 일이 끝난 것이 아니다.

(2) 마음이 안정된 사람은 말이 적다. 그러므로 마음을 안정하는 것은 말이 적은 데서부터 비롯한다. 말할 만한 때가 된 다음에 말을 한다면 그 말이 간략하지 않을 수 없다.

(3) 마음이란 산 것이다. 안정된 힘이 이뤄지지 못하면 흔들려서 편안키 어렵다. 생각이 어지러울 때 정신을 가다듬어 가만가만 다룰 것이요, 그 생각에 이같이 애쓰기를 오랫동안 하노라면 반드시 차분히 안정되는 때가 있을 것이니, 무슨 일을 하든지 전심전력한다면 그 또한 마음 안정시키는 공

부가 된다.

(4) 만 가지 악이 모두 다 혼자 있을 때 삼가지 않는 거기서 생겨난다. 혼자 있을 때 삼갈 줄 안 다음에야 참으로 지 자연을 사랑하며 즐길 수 있는 고상한 뜻을 알 수 있다.

(5) 새벽에 일어나서는 아침에 해야 할 일을 생각하고, 밥 먹은 뒤에는 낮에 할 일을 생각하고, 잠자리에 들어서는 내일 해야 할 일을 생각할 것이다.

글을 읽는다는 것은 옳고 그름을 분간해서 실천에 옮기려 하는 것이니 만일 사물을 살피지 않고 똑바로 앉아 글만 읽는다면 쓸데없는 학문이 되고 만다.

(6) 만일 일을 처리할 적에 털끝만큼이라도 편할 것만을 생각하면, 이익을 탐하는 마음이니 더욱 살펴야 한다.

무릇 일을 만났을 적에 만일 해야 할 일이거든 정성껏 하되 싫증내고 게을리 하는 마음을 가져서는 안 되며, 또 하지 않아야 할 일이라면 딱 끊어버려 가슴 속에서 옳고 그른 것이 서로 싸우게 하지는 말 것이다.

(7) 《맹자》에서 이른바 '한 가지 옳지 못한 일을 행하고 한 사람의 죄 없는 이를 죽이고서 천하를 얻는 데도 하지 않는다.'라는 그 생각을 가슴속에 간직할 것이다.

(8) 횡액과 역경이 닥쳐올 적에 스스로 돌이켜보아 깊이 반성함으로써 저쪽을 감화하도록 할 것이다.

(9) 제 집안사람들이 감화되지 못한다는 것은 다만 성의가 모자라기 때문이니라.

(10) 밤에 잘 때나 아플 때가 아니면 눕지 않아야 하고, 비스듬히 기대지도 말 것이며, 또 밤중일지라도 졸리는 생각이 없으면 눕지 말 것이다. 낮에 졸음이 오면 마땅히 정신을 차려 바짝 깨우칠 것이요, 그래도 눈꺼풀이 무겁거든 일어나서 두루 거닐어 깨도록 하라.

(11) 공부에 힘쓰되 늦추지도 말고, 보채지도 말며, 죽은 뒤에야 그만둘 것이니, 만일 그 효과가 빨리 나기를 구한다면 그 또한 이익을 탐하는 마음일 뿐이다.

큰 인물은 시대를 잘 타고나서 위대한 업적을 이룬 사람이 아닙니다. 뜻이 큰 사람이 큰 인물입니다. 율곡은 어머니의 죽음 뒤에 방황하면서 어떻게 살아야 할지 자신의 삶을 규정했습니다. 그는 올바른 학문을 통해 세상에 도움이 되겠다는 큰 뜻을 품었습니다.

그렇게 본격적으로 뜻을 세운 율곡은 '자경문'을 쓴 이듬해에 한성시 장원 급제, 23세에 별시에 장원 급제, 29세에는 생원 진사, 명경과에 급제하고 호조좌랑으로 벼슬길에 나아갑니다. 이후 수많은 벼슬을 거쳐 이조판서까지 오릅니다. 49세의 나이에 안타깝게 세상을 떠나기까지 《동호문답》, 《성학집요》, 《격몽요결》, 《소학집주》 등의 저술을 남겼습니다. 채택되지는 않았지만 장차 닥칠 왜란에도 대비하여 십만 명의 군사를 양성할 것을 주장하기도 했습니다.

## '자경문'의 완숙 버전《격몽요결》

40대의 율곡은 조선팔도에서 유명인사였습니다. '구도장원공'으로 알려져 과거 공부하는 선비들 사이에서 스타였을 뿐 아니라 황해도 관찰사와 홍문관부제학까지 역임한 고위 관료였으니까요. 많은 사람들에게 존경을 받고 있던 그에게 몇 명의 학생들이 찾아와 가르침을 달라고 합니다. 그것을 계기로 율곡이 처음 학문을 시작하는 사람들을 위해 학문의 방향을 제시하려는 뜻에서《격몽요결》을 저술합니다. 그가 20세에 방황을 마치고 뜻을 세울 때 썼던 '자경문'의 완숙 버전인 셈이죠.

'격擊'은 '친다'라는 말입니다. '몽蒙'은 '어리석다'라는 뜻입니다. 조금 강하게 표현하면 '어리석음을 후려친다'라는 말입니다. 서당에서 훈장님에게 종아리 걷고 매 맞는 장면이 상상되지 않나요? '요결要訣'은 요긴한 비결이라는 말입니다. '격몽요결'의 뜻은 곧 '처음 학문을 시작하는 사람들이 어리석음에 빠지지 않는 비결' 정도로 풀이할 수 있습니다.

이 책은 10개의 장으로 구성이 되어 있는데 내용에 따라 크게 세 부분으로 나눌 수 있습니다.

먼저 첫 부분은 '입지立志, 혁구습革舊習, 지신持身, 독서讀書'의 장까지입니다. 학문하는 그 사람 개인에 초점이 맞춰져 있습니다. 학문하는 사람은 "처음에 뜻을 세우고입立志, 예전의 잘못된 습성을 타파하고革舊習, 몸과 마음을 바르게 하고持身, 이치를 궁구하는 독서를 하라讀書."는 것입니다.

두 번째 부분은 '사친事親, 상제喪制, 제례祭禮'의 장입니다. 이제 개인을 이 세상에 있게 해준 부모님, 그리고 그들에 대한 예법을 이야기합니다. "부모님에게 효도하고事親, 돌아가시면 예에 어긋나지 않게 상을 치르고喪制, 정성을 다해 제를 지내라祭禮."는 것입니다. 이 두 번째 부분은 제사가 간소화되고 있는 요즘 상황에는 딱 맞지는 않으니 핵심만 파악하면서 읽어보세요.

세 번째 부분은 '거가居家, 접인接人, 처세處世'의 장입니다. 좀 더 시선이 확장됩니다. "집안 식구들을 어떻게 거느릴 것인지居家, 사람을 어떻게 사귈 것인지接人, 벼슬을 구하고 출세하는 것에 대해서는 어떤 태도를 가져야 할 것인지處世."에 대해 말합니다. 이 부분도 오늘날에 그대로 적용하기에는 무리인 부분도 있으니 잘 가려서 읽으세요.

예를 들어 '거가' 장에는 "집안사람들이 하는 일에 성과가 오르도록 늘 감독하고 독려해야 한다."라는 내용이 나오는데, 이것을 있는 그대로 받아들여서 가족들을 감시 감독하면 곤란하겠죠?

첫 부분인 '입지立志, 혁구습革舊習, 독서讀書'의 장 내용을 중심으로 소개하겠습니다.

## 공부하라고 잔소리하기 전에 공부해야 하는 이유를 알려주자

신사임당은 율곡에게 공부하라고 잔소리를 했을까요? 신사임당은 솔선수범했습니다. 자신이 새벽마다 일찍 일어나 고전을 필사해 집안 곳곳에 붙여두고 아이들에게 읽게 했습니다. 어머니가 먼저 고전을 읽는 모습을 보여주었던 것입니다. 이런 모습을 보고 자란 율곡은 어떤 생각을 가졌을까요? 사람이란 마땅히 어머니처럼 학문을 생활 속에서 자연스럽게 실천해야 한다고 생각지 않았을까요?

> 사람이 이 세상을 살아가는 데 학문이 아니고서는 올바른 사람이 될 수가 없다.
> 학문을 하지 않은 사람은 마음이 막히고 소견이 어둡게 마련이다. 그렇기 때문에 사람은 반드시 글을 읽고 이치를 궁리해서 자기 자신이 마땅히 행해야 할 길을 밝혀야 한다. 그런 뒤에야 조예造詣가 정당해지고 행동도 올발라진다.

《격몽요결》의 서문에 나오는 말입니다. 이것이 율곡이 생각하는 학문의 이유입니다. 학문은 바로 올바른 사람이 되기 위해서 해야 하는 것입니다. 사람이 되는 것이 먼저입니다. 율곡은 이것이 기본이 된 뒤에 과거 공부도 해야 한다고 뒤에 '처세'의 장에서 밝히고 있습니다.

> 과거 공부와 이치를 궁리하는 공부를 다 같이 행해 나갈 것이요, 한쪽에만 치우치지 말 것이다.

《이솝우화》 중에서 하늘만 쳐다보던 천문학자가 우물에 빠진 이야기 기억나시나요?

이상과 현실은 새가 날기 위해 필요한 양쪽 날개와 같습니다. 우리 삶에서 이상의 추구와 현실적인 문제를 해결하는 것은 어느 것 하나 등한시할 수 없는 것입니다. 율곡은 이치를 궁구하는 것, 즉 올바른 사람이 되는 공부(이상)와 과거를 통해 출세하는 공부(현실)를 모두 잘해 나가야 한다고 말했습니다.

자식에게 공부하라고 하는 이유는 무엇인가요? 온갖 미사여구를 다 갖다 붙여도 그 핵심적인 이유는 아주 단순합니다. "조금 덜 고생하면서 돈 잘 벌어라."는 것이죠. 이는 율곡이 말하는 학문을 해야 하는 이유 중 어느 한쪽에만 치우쳐 있는 것입니다. 공부하는 것이 현실적인 문제를 해소하기 위한 수단으로만 생각되니까 감동과 깨달음이 없습니다.

부모들은 남들도 다 그렇게 시키니까, 이 사회에서 정상적(?)으로 살아가기 위해서는 공부는 일단 잘하고 봐야 한다는 생각을 합니다. 저도 이 생각에 어느 정도 동의합니다. 공교육에 불만이 있다고 굳이 대안학교를 보내거나, 언스쿨링을 시키거나 해야만 한다고는 생각지 않습니다. 어차피 아이가 커서 사회생활을 할 때 대다수가 받아온 교육환경에 대해 알지 못하면 또 다시 적응의 과정이 필요한 것입니다. 교육 방식의 문제는 아이의 성향을 잘 살펴서 부모가 선택할 문제입니다.

중요한 것은 '왜'입니다. 왜 공부를 해야 할까요? 이 질문에 바로 답이 떠오르나요? 정답은 없습니다. 하지만 아이가 눈을 동그랗게 뜨고 "왜 공부를 해야 해요?"라고 물었을 때 "학생의 본분은 공부니까 해야 하는 거지."라고 궁색하게 대답하지는 않아야겠죠.

첫째 아이와 공부를 해야 하는 이유에 대해서 《격몽요결》의 서문에 나온 문장을 읽고 나서 이야기를 나눈 후 아이는 공부를 한다는 것, 학문을 한다는 것에 대해서 좀 더 깊은 의미를 부여했습니다. 여기에 더해 저는 아이에게 공부를 잘해낸다는 것은 삶을 대하는 '태도'의 문제라는 것을 강조했습니다. 특정한 시점에 주어진 역할을 잘 수행해내는 것은, 앞으로 새로운 일을 맡거나 스스로 선택했을 때 해낼 수 있는 힘과 근성을 기를 수 있는 것이죠.

## 먼저 뜻부터 세워라

처음 학문을 하는 사람은 반드시 맨 먼저 뜻부터 세워야 한다. 그리해서 자기도 성인이 되리라고 마음먹어야 한다. 그렇지 않고 만일 조금이라도 자기 스스로 하지 못한다고 물러서려는 생각을 가져서는 안 된다.

《격몽요결》은 서문도 훌륭하지만 첫 부분 '입지立志장'의 첫 문장도 새겨둘만 합니다. 학문을 함에 있어 절대 물러서지 않겠다는 선비의 기개와 목숨을 건 치열함이 느껴집니다.

"지금 여기 책을 펼치고 학문을 시작하려고 하는 나와 공자, 맹자, 주자 같은 성인이 그 근본은 다를 것이 없다.", "학문을 시작하려면 성인이 되려는 목표를 세워야 한다.", "목표를 달성하기 전까지는 조금도 물러서려는 생각을 가져서는 안 된다."라는 결기로 가득한 글입니다. 율곡뿐 아니라 수많은 대학자들이 먼저 뜻을 크게 세우고 공부를 했습니다.

다산 정약용은 18여 년의 유배생활 동안 "왕도정치를 구현하고 백성에게 실질적인 도움이 되는 학문을 한다."라는 일념으로 500여 권의 책을 저술했습니다. 자리에 워낙 오래 앉아 있다 보니 복숭아뼈에 구멍이 났다는 말이 전해집니다. 죄인의 몸으로 굳이 그렇게 많은 책을 쓴 이유는 무엇이었을까요? 자신만의 가치 있는 뜻을 세우지 않았더라면 해낼 수 없는 일이었습니다.

조선 후기의 실학자 혜강 최한기는 서세동점西勢東漸의 시대적인 상황 속에서 "서양의 근대과학기술을 받아들이고 세계 만국이 하나로 통해야 한다."라는 마음으로 자신만의 독특한 기학氣學 이론을 정립했습니다. 그는 벼슬에는 별 관심이 없었습니다. 오직 학문에 모든 것을 걸었습니다. 책을 사는 데 지나치게 많은 돈을 써서 가세가 기울었다고 전해질 정도로 청나라 등을 통해 많은 책을 구해 읽었습니다. 그는 의학, 지리, 천문, 인문 등 다양한 분야에 20여 권의 책을 남겼습니다.

먼저 뜻을 세워야 합니다. 우리가 유학을 공부하던 선비들처럼 "성인이 되겠다."라는 정도의 뜻을 품을 필요는 없습니다. 하지만 책 읽기와 자녀교육에 관심이 많은 부모라면, 고전을 읽겠다는 생각을 가진 독서가라면 남다른 뜻을 세워보는 것은 어떨까요?

저는 고전을 읽고 필사하는 부모님들에게 책을 읽는 것을 넘어 작가가 되는 뜻을 세워보라고 권합니다. 아이들은 부모의 등을 보고 자랍니다. 율곡은 매일 고전을 공부하는 신사임당을 보고 자랐습니다. 부모가 고전을 읽고, 인문학적인 삶을 살면서 책을 쓰는 작가가 된다면 그만큼 좋은 자녀교육 방법이 있을까요?

아이들도 먼저 뜻을 세울 수 있게 도와주어야 합니다. "무엇이 되고 싶다."라는 것은 뜻이 아닙니다. 직업일 뿐이지요. '무엇'이 아니라 '어떤' 사람이 될 것인지 뜻을 세우는 것이 중요합니다. '어떤'은 방향성입니다. '무엇'은 그 방향성에 맞는 겉모양, 껍데기, 옷일 뿐입니다. 내 아이에게 "너는 커서 뭐가 되고 싶어?"라는 질문보다는 "너는 어떤 사람이 되고 싶어?"라는 질문을 던져보는 것은 어떨까요?

## 몸에 밴 좋지 않은 습성을 없애라

> 사람이 비록 학문에 뜻을 두었다고 해도 용맹스럽게 앞으로 나아가고 전진해서 무슨 일을 이루지 못하면 옛날의 습관이 그 뜻을 막아 흐려버리고 만다. (중략) 만일 뜻을 채찍질해서 이것을 깨끗이 없애버리지 않으면 끝내 아무것도 배우지 않은 사람이 되고 말 것이다.

'혁구습革舊習장'은 장 제목 자체에 하고자 하는 말이 다 드러나 있습니다. '혁革'은 '가죽'을 뜻하는 말입니다. 동물의 가죽은 어떻게 하죠? 사람들이 쓰기 위해서 가공을 합니다. 벗긴 가죽을 무두질해서 펴고 만들고 싶은 물건 모양대로 자릅니다. 그래서 '革'자에는 단순히 '가죽'이라는 뜻 외에도 "쓸모에 맞게 가공하다, 바꾸다."라는 의미가 들어있습니다. '구습舊習'은 예전부터 몸에 밴 나쁜 습관입니다. 그러니까 '혁구습'하면 "나의 몸에 밴 좋지 않은 습성을 없앤다."라는 뜻입니다.

율곡은 대표적인 나쁜 습성 8가지의 예를 들었습니다. 원문은 조금 길고 복잡하지만 간략하게 요약해보았습니다.

(1) **게으름**_마음과 뜻을 게을리하고 자기 행동과 모습을 아무렇게나 버려두며, 다만 일신이 편안하게 지낼 것만 생각하고, 예절이나 올바른 일에 구속되는 것을 싫어하는 것

(2) **실속 없이 분주함**_조용히 자기 마음을 지키려고 애쓰지 않으며, 어지럽게 드나들면서 쓸데없는 말만 하고 세월을 보내는 것

(3) **본질에서 벗어남**_악하고 이상한 짓을 좋아하는 것

(4) **보이기 위한 행동**_공연히 문장을 잘하는 것을 사람들에게 칭찬을 받으려 하는 것

(5) **허송세월**_쓸데없는 편지 쓰기를 일삼고, 거문고 뜯기, 술 마시기를 일삼으며 공연히 놀고 세월을 보내면서 맑은 운치를 가지고 사는 체하는 것

(6) **잡기**_한가롭게 아무 일도 없는 사람들을 모아 놓고 바둑 두고 장기 두는 것을 일삼으며 배불리 먹고 마시면서 날을 보내고 남과 다투기를 꾀하는 것

(7) **물질에 대한 욕망**_부자로 살거나 귀하게 지내는 사람을 부러워하고, 가난하고 천하게 지내는 것을 싫어하며, 좋지 못한 의복과 좋지 못한 음식을 몹시 부끄러워하는 것

(8) **절제하지 못함**_매사에 욕심만 부리고 아무런 절조가 없는 것

가만히 읽어보면 예나 지금이나 사람의 나쁜 습성은 크게 다르지 않다는 생각이 듭니다. 율곡이 제시한 나쁜 습성은 단순히 몸에 밴 습관이라기보다는 생각하는 방식과 의식에 대한 것도 포함되어 있습니다. 예를 들어 편안하게 지내려고만 하는 생각, 남에게 지나치게 칭찬받으려고 하는 생각, 남을 부러워하는 생각과 같은 것입니다. 학문에 뜻을 세우고 용맹정진하려면 정신적인 습성부터 바로 잡아야 합니다.

반드시 크게 용맹스러운 뜻을 가지고 마치 칼날로 쳐서 물건을 끊듯이 하여 그 뿌리를 잘라 없애서 마음속에 터럭만큼도 그 남은 줄거리가 없도록 해야 할 것이다.

좋지 않은 습성과 결별할 때는 어설프게 조금씩 고쳐나가는 것이 아니라, 단칼에 물건을 끊어버리듯이 해야 합니다. 그렇게 하기 위해서는 무엇이 필요할까요? 바로 용기입니다. 우리의 생각과 의식의 습관은 상상 이상으로 힘이 셉니다. 고착화된 관념이 자동적으로 작동되도록 프로그램되어 있습니다. 그래서 그 실체를 정확하게 파악하고 끊어낸다는 것은 여간 어려운 일이 아닙니다. 그렇기 때문에 율곡도 "크게 용맹스러운 뜻을 가지라."고 한 것이 아닐까요?

## 독서의 정도正道_ 의심이 없을 때까지 읽고, 깨달은 바는 반드시 실천하라

대체로 글을 읽는 데는 반드시 한 가지 책을 익히 읽어서 그 의리와 뜻을 모두 깨달아 모두 통달하고 의심이 없이 된 연후에라야 비로소 다른 책을 읽을 것이고, 여러 가지 책을 탐내서 이것저것을 읽으려고 바쁘고 분주하게 섭렵해서는 안 된다.

책은 어떻게 읽어야 할까요? 요즘은 다독多讀에 대한 욕구를 자극하는 글이 꽤 많습니다. '1년에 책 100권 읽기, 1,000권 독서'라는 말을 들으면 왠지 주눅이 듭니다. '해야 할 것 같은데 내가 할 수 있을까?', '다독하는 사람들이 많은데 나는 무얼 하고 있나?'라는 생각도 듭니다. 다독을 하면 뭔가 이루어질 것처럼 생각이 듭니다. 하지만 과연 그럴까요?

물론 많은 책을 읽으면 좋습니다. 다만 여기에는 전제가 있습니다. '제대로 소화하며 읽을 것'입니다. 책을 내 것으로 만들지 못하고, 눈으로만 열심히 글자 위를 달려봐야 얻는 것이 없습니다. 최근에 읽은 책의 제목과 그 핵심메시지, 그것에 대한 내 생각을 이야기할 수 있는지 스스로에게 한번 물어보세요.

다독에 대한 집착은 욕심과 두려움에서 비롯됩니다. 많은 지식을 얻어 남에게 뒤지고 싶지 않은 욕심, 다들 열심히 사는 데 가만히 있으면 뒤처질 것 같다는 두려움이 맹목적인 다독의 원인입니다.

그렇다면 어떤 독서가 좋은 독서일까요? 책을 읽으면서 잠시 책장을 덮고 '생각' 하는 시간, 저자의 말을 '나의 철학'으로 해석하는 과정이 필요합니다. 율곡의 말처럼 책 내용에 의심이 가는 곳이 있다면 없게 이해가 되어야 합니다. 저자의 생각을 그대로 받아들이기만 하는 것이 능사가 아닙니다. 저자의 생각과 주장을 내 논리로 무두질해야 합니다. 내 삶에 녹여내야 하는 것입니다.

지식욕도 기본적으로는 욕심입니다. 욕심이라는 것이 과하면 몸과 마음이 상하게 됩니다. 여러 책을 탐내는 마음, 즉 지나친 욕심에서 비롯된 독서는 유익함이 없습니다. 이것저것 유행하는 지식을 놓치지 않으려고, 분주하게 이 책 저 책 뒤적거리는 것은 올바른 독서가 아닙니다. 좋은 책은 찻물을 우려내듯 여러 번 읽으면서 그 깊은 뜻을 음미해봐야 합니다.

> 글의 의미와 뜻을 깊이 터득하고 글 구절마다 반드시 자기가 실천할 방법을 구해본다. 만일 이렇게 하지 않고 입으로만 글을 읽을 뿐 자기 마음으로는 이를 본받지 않고, 또 몸으로 행하지 않는다면 책은 책대로 있고 나는 나대로 따로 있을 뿐이니 무슨 유익함이 있겠는가?

율곡은 어떻게 독서를 했을까요? 그는 독서 후 실천을 강조했습니다. 글을 읽고 나서 마음에 받아들인 뒤에 몸으로 실천하는 것이 진짜 독서입니다. 책은 책대로, 나는 나대로 아무런 화학적인 결합이 없으면 독서가 아닙니다. 책을 읽은 뒤에 내 생각과 행동에 변화가 없다면 시간만 낭비한 셈입니다.

물론 모든 책을 이렇게 읽을 수는 없습니다. 특정 분야의 실용서나 수험서 같은 책은 각각 특징에 맞게 독서해야 합니다. 하지만 나의 정신을 깨워주는 동서양 철학서나 문학책, 역사서와 같은 고전은 깊게 이치를 궁구하면서 읽어가는 것이 좋습니다.

특히 이 책에서 소개한 고전을 꼭 율곡의 독서법을 적용해서 읽어보기 바랍니다. 《격몽요결》이 유학을 공부하는 사람들을 위해 쓴 책이다 보니, 율곡은 이 책에서 유학의 주요 경전을 순서대로 읽어갈 것을 추천했습니다. 《소학》, 《대학》, 《논어》, 《맹자》, 《중용》, 《시경》, 《예경》, 《서경》, 《역경》, 《춘추》 등이 바로 그 책입니다. 이 중에서 《소학》이나 《논어》는 아이들과 함께 필사하기에도 좋은 내용이 많이 있으니 꼭 활용해보세요.

## 쇼펜하우어 《인생론》 중에서

옛날의 이런저런 위대한 작가를 논평한 책이 나오면 독자는 그런 책을 읽지, 그 작가의 저술 자체는 읽지 않는다. 독자는 단지 새로 나온 책만 읽으려 한다. '유유상종'이라는 말이 있듯이, 오늘날의 멍청이가 지껄이는 진부하고 김빠진 잡담이 위대한 정신의 생각보다 독자의 수준과 구미에 맞기 때문이다. 하지만 나는 이미 젊은 시절 멋진 경구를 접하고, 그때부터 그것을 나의 좌우명으로 삼은 운명에 감사한다.

열심히 고전을 읽어라, 진정으로 참된 고전을!
최근에 나온 글은 그다지 중요하지 않으니.

고전을 읽어라! 참으로 가장 오래된 고전을!
현대인이 칭찬하는 글은 그다지 중요하지 않으니.

오, 어떤 평범한 인간은 다른 평범한 인간을 어쩌면 그다지도 닮았단 말인가! 그들은 어쩌면 그다지도 닮았단 말인가! 그들은 어쩌면 모두가 하나의 틀에서 만들어진단 말인가! 누구나 같은 기회에 다른 생각은 하나도 떠오르지 않고 같은 생각만 떠오른단 말인가! 더욱이 그들은 저급한 개인적 의도를 지니고 있다. 그런데 독자들은 새로 나온 신간이라며 그런 가련한 자의 보잘것없는 잡담을 읽으면서도, 위대한 정신의 소유자가 쓴 책은 책꽂이에 고이 모셔둔다.

모든 시대와 모든 나라에서 배출된 온갖 종류의 더없이 고귀하고 극히 드문 정신의 소유자가 쓴 작품을 읽지 않고 방치하는 독자의 어리석음과 불합리함은 도저히 믿을 수 없을 정도다. 그 대신 일반 독자는 단순히 갓 인쇄되고 잉크가 채 마르지 않았다는 이유로, 매일같이 나오는 평범한 졸작, 매년 파리 떼처럼 무수히 생겨나는 졸작을 읽으려고 한다. 오히려 이런 작품은 몇 해만 지나면, 그리고 그다음부터는 영원히 지나간 시대와 그 시대의 허튼 생각을 비웃는 단순한 재료가 될 뿐이므로, 이미 나온 날부터 내버리고 무시하는 것이 좋겠다.

어느 시대에나 상당히 낯설게 서로 나란히 존립하는 두 가지 형태의 저작물이 있다. 하나는 참된 저작물이고, 다른 하나는 겉보기만 그럴듯한 저작물이다. 참된 저작물은 영원한 저작물이 된다. 참된 저작물은 진지하고 조용하지만 매우 더딘 발걸음을 한다. 겉보기만 그럴듯한 저작물은 당사자들이 큰 소리로 야단법석을 떠는 가운데 빠른 속도로 내달린다. 그런 작품은 매년 수천 개씩 시장에 쏟아져 나온다. 그러나 얼마 지나지 않아 사람들은 그것들이 어디로 갔느냐고, 그렇게 일찍부터 떠들썩하던 그 명성은 어디로 갔느냐고 물을 것이다. 그 때문에 이런 저작물은 일시적인 저작물이라고, 참된 저작물은 영원한 저작물이라고 부를 수 있다.

책을 손도 대지 않은 채 책장에 올려두는 사람은 책을 제대로 사랑하는 사람이 아니다.
밤낮으로 손에 들고 그래서 때가 끼고 책장의 귀들이 접히고 손상되며
빽빽하게 주석을 달아 놓은 자만이 책을 제대로 사랑하는 사람이다.

에라스뮈스

당신에게 가장 필요한 책은 당신으로 하여금 가장 많이 생각하게 하는 책이다.

마크 트웨인

우리가 읽어야 할 책이란, 읽기 전과 읽은 후 세상이 완전히 달라 보이는 책이다.

프리드리히 니체

독서만큼 값이 싸면서도 오랫동안 즐거움을 누릴 수 있는 것은 없다.

몽테뉴